Sandra Waldermann-Scherhak

Rauhnacht-Rituale
FÜR FRAUEN

Eine spirituelle Bewusstseinsreise durch die zwölf Nächte

Schirner
Verlag

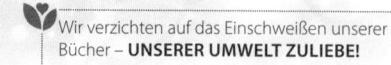

ISBN 978-3-8434-1325-1

Sandra Waldermann-Scherhak:
Rauhnacht-Rituale für Frauen
Eine spirituelle Bewusstseinsreise
durch die zwölf Nächte
© 2017 Schirner Verlag, Darmstadt

Umschlag und Layout: Elena Lebsack,
Schirner, unter Verwendung von #488190211
(© Banthita166), #391346914 (© 21kompot)
und #463096187 (© MrVander),
www.shutterstock.com
Lektorat: Karin Garthaus, Schirner
Printed by: Ren Medien GmbH, Germany

www.schirner.com

5. Auflage September 2019

Inhalt

Ich widme dieses Buch allen Frauen in meinem Leben:

meiner Tochter Julia und meiner Mutter Elfriede,
meinen Großmüttern Maria Dora Helene und Elisabeth,
meinen Urgroßmüttern Maria, Elisabeth, Wilhelmine, Emma Otilie
und allen Frauen meiner Ahnenlinie, die vor mir gelebt haben,
und allen Frauen, die nach mir leben werden …
Ich bin zutiefst dankbar, dass das Leben von euch zu mir gekommen ist
und ich es weitergeben durfte …
Ich widme es allen Frauen,
die auf dem Weg sind, ihre ureigene Weiblichkeit zu finden,
und die mutig voranschreiten.
Mögen wir das alte Wissen, das tief in uns allen schlummert,
mit der Energie der modernen Zeit verbinden –
um Heilung und Frieden zum Wohle aller Seelen dieser Erde zu bewirken!
Und ganz besonders widme ich es meiner geliebten Katze CLARA,
die mich während des gesamten Schreibprozesses begleitet hat.
Sie ist meine Seelenkatze,
und wir haben eine unendlich tiefe Verbindung zueinander.
Sie und ich sind in ihren letzten Lebenswochen
gemeinsam durch jeden Archetyp gereist.
Gemeinsam haben wir uns jene Energien und Rituale zunutze gemacht
und uns auf einer energetischen Ebene verbunden,
die jenseits des Verstandes liegt.
Clara verstarb, als das Buch fertig war.
Ich bin zutiefst dankbar für ihre Liebe und Weisheit,
und ich weiß, dass sie durchgehalten hat, bis das Buch fertig war.
Ihr Spirit ist mit in diesem Buch verewigt.

VORWORT

Ich freue mich, dass du dich für dieses Buch entschieden hast. Gern begleite ich dich durch die Rauhnächte, eine ganz besondere Zeit im Jahr. Gemeinsam werden wir tief in unsere Seele blicken, unserer inneren Stimme achtsam zuhören, unserer Intuition lauschen und uns von ihr leiten lassen. Die einzelnen Rituale und Übungen in dicsem Buch regen dazu an, der eigenen Wciblichkeit noch näherzukommen und mehr Kraft aufzunehmen. Du darfst dir speziell in den Rauhnächten einen Raum für dich und deine Ideen schaffen, damit etwas Eigenes entstehen kann, denn gelebte Weiblichkeit ist pure Schöpferkraft und Kreativität. Zusammen blicken wir auf das vergangene Jahr zurück. Möglicherweise zeigen sich dir dabei frühere Verletzungen, die noch im alten Jahr geheilt werden möchten, damit du Raum für Neues schaffen kannst. Denn meistens öffnen sich neue Türen erst, wenn wir die alten wirklich geschlossen haben. Begib dich auf eine intensive und spirituelle Reise, entdecke dabei dein wahres Selbst, und erwecke die Weiblichkeit in dir zu neuer Stärke. Wenn du bereit bist, im alten Jahr noch einmal tief in dein Inneres zu reisen, wirst du im neuen Jahr umso höher fliegen können. Stelle dich allen Erfahrungen des letzten Jahres, und lasse das Licht und die transformative Energie der Rauhnächte sich wie Balsam auf deine Wunden legen, auf dass du nun auf allen Ebenen deines Seins Heilung erfahren kannst. Schöpfe in der Zeit zwischen den Jahren neue Kraft, und finde heraus, was dein Herz sich wünscht, und lasse dich von ihm auf den richtigen Weg führen. Ich werde dich von Rauhnacht zu Rauhnacht begleiten. Mit den Ritualen und Übungen gebe ich dir eine Art roten Faden an die Hand, dem du folgen kannst, aber nicht musst. Ergänzt werden diese durch altes Wissen, Themen der Weiblichkeit in Verbindung mit den Anforderungen der neuen Zeit. Somit ist eine besondere Auswahl von Übungen und Ritualen entstanden, die deine Weiblichkeit stärken, nähren und heilen können.

Anders als herkömmliche Rauhnachtbegleiter ist dieses Buch weniger auf die klassischen Rituale ausgerichtet, sondern befasst sich ausgiebig mit der Weiblichkeit, mit zwölf weiblichen Lebensthemen und mit Ritualen der Weiblichkeit in Kombination mit zwölf verschiedenen weiblichen Archetypen.

Ich möchte dich liebevoll und schwesterlich an die Hand nehmen, um dir Anregungen und Gestaltungsmöglichkeiten für jede der zwölf Nächte anzubieten, damit du in den vollen Genuss dieser besonderen Zeit kommst. Fühle dich von ganzem Herzen eingeladen, dich jetzt auf deine eigene Transformationsreise durch die zwölf Rauhnächte zu begeben.

Ich selbst habe vor rund zehn Jahren von den Rauhnächten erfahren. Ich zelebriere sie jedes Jahr, und sie gehören fest zu meinem Jahresablauf. Durch diese tiefe Verbundenheit mit den Rauhnächten sowie durch meine Arbeit mit Frauen kam die Idee zu diesem Buch.

Vielleicht wird das Buch »Rauhnachtrituale für Frauen« ein immerwährender Begleiter für dich, der dich jedes Jahr aufs Neue während der bewussten und magischen Zeit zwischen den Jahren unterstützen darf.

Lasse dich in die magische Zeit des Jahres fallen,
und erlebe, dass Wunder geschehen.

EINLEITUNG

In den Rauhnächten stehen wir auf der Schwelle zwischen der Vergangenheit und der Zukunft, denn wir bereiten uns darauf vor, das alte Jahr zu verabschieden und das neue willkommen zu heißen. Schon bei unseren Vorfahren galten die zwölf Rauhnächte als die »Heiligen Nächte«. Es wurde dann nach Möglichkeit nicht gearbeitet, sondern gefeiert und das Zusammensein in der Familie bewusst gelebt. In unserer aktiven und geschäftigen Gesellschaft ist es von daher besonders wichtig und hilfreich, sich derartige Auszeiten sowie Räume zur Besinnung, Meditation und Stille zu schaffen. Besonders Kraft bringend und bereichernd ist es, in dieser Zeit auch tagsüber viel in der Natur zu sein.

Die außergewöhnliche Energie in den Rauhnächten unterstützt uns dabei, noch einmal innezuhalten und uns unser selbst bewusst zu werden. Wir können Rückschau halten, reflektieren, und Einsichten über uns und das Leben erlangen, so intensiv wie zu keiner anderen Zeit des Jahres. Denn in den Rauhnächten sind die Tore zwischen den Welten weit geöffnet, was für viele auch deutlich spürbar ist. Es kann eine noch innigere Verbindung zur tiefen Weisheit der Seele und zu den eigenen Fähigkeiten entstehen.

Diese Zeit des Übergangs wird in diesem Buch achtsam begleitet und mithilfe der Rituale der Weiblichkeit in Verbindung mit den weiblichen Archetypen bestärkt. Diese speziellen Rituale habe ich für dich gesammelt und praktiziere sie auch selbst in den Rauhnächten. Während der zwölf Rauhnächte begibst du dich auf deine persönliche spirituelle Bewusstseinsreise. Dabei suchst du innere wie äußere Kraftplätze auf, verbindest dich mit deiner ureigenen Weiblichkeit und erlebst dich als Teil einer Gemeinschaft. Denn über die Rituale bist du mit anderen Frauen, die ebenfalls diese besondere Zeit des Jahres feiern, durch das morphogenetische Feld verbunden. Natürlich kannst du diese Gemeinschaft auch auf physischer Art erleben, indem du bestimmte Rituale oder Übungen zusammen mit anderen ausübst. Auf besondere Weise nimmst du in diesen Nächten mit dir selbst Verbindung auf, gehst in Kontakt mit deinen Träumen, Visionen und Sehnsüchten, begegnest zwölf weiblichen Archetypen und entdeckst die dir innewohnende Kraft. Schritt für Schritt und von Rauhnacht zu Rauhnacht erkundest du dein spezifisches weibliches Potenzial, deine Fähigkeiten und Talente und wirst angeleitet, wie du ihnen authentisch Ausdruck verleihen sowie sie ans Licht bringen kannst. Entdecke deine Weiblichkeit in den winterlichen Rauhnächten. Entfache dein inneres Feuer, nähre deine Weiblichkeit, und entdecke deine natürliche Schönheit. Lerne, bewusst und achtsam loszulassen, erlaube dir, dich selbst zu erneuern, neue heilsame Energien aufzunehmen, dich dem Fluss des Lebens hinzugeben, Visionen zu erschaffen und deine Schöpferkraft vollständig zu leben, damit der Zyklus des neuen Jahres heilsam und kraftvoll von Neuem beginnen kann und dich mit allem versorgt, was du als Frau brauchst. Zu keiner Zeit des Jahres können wir uns so sehr mit transformativen Kräften verbinden, wie während der Rauhnächte. Wie die Kräfte der Erde sich zwischen den Jahren und während der Rauhnächte ins Innere zurückziehen, sich regenerieren und auf transformative Weise erneuern, um wieder als neue Kraft nach außen zu dringen, kannst auch du dich selbst auf magische Weise wandeln und »neu werden«. In den Rauhnächten können wir den weiblichen Aspekt in uns umarmen.

Wenn du die Rauhnächte achtsam, bewusst und wachsam erlebst, dann geben sie dir Hinweise, wie du das kommende Jahr gestalten kannst, da sie dieses in sich beherbergen. Jede Rauhnacht steht stellvertretend für einen Monat des folgenden Jahres. Wenn wir gewahr werden, dass wir selbst Schöpfer unseres Lebens sind, können wir in den magischen Nächten die Weichen für unser zukünftiges Schicksal stellen und unser Leben auf positive Weise beeinflussen.

Erlaube dir, frei zu sein. In den Rauhnächten darfst du alles sein, wonach dir ist. Du darfst nachdenklich, ängstlich, verzweifelt, wütend, traurig, aber genauso auch demütig, dankbar, euphorisch, beschwingt und voller Neugier und Freude sein. Sei in Kontakt mit dir. Achte auf deine Gedanken, lausche den Botschaften deiner Seele, erlebe deine Gefühle, spüre deinen Körper, und vertraue seinen Empfindungen. Erlaube dir, das zum Ausdruck zu bringen, was ans Licht und in die Heilung möchte. Nutze diese Nächte bewusst, um mögliche alte Wunden auszuheilen, um alles Alte und nicht mehr Dienliche gehen zu lassen und um dich mit Dingen, die dich im Unfrieden halten, auszusöhnen. Richte deinen Blick auf das, was dich festhält, auch wenn es dich traurig macht oder schmerzt. Wisse, dass die Rauhnächte von einer starken und kraftvollen heilenden Energie getragen sind, und vertraue darauf, dass sie dich bei deiner Transformationsreise aufs Beste unterstützen. Lasse Schritt für Schritt die Energien des alten Jahres los, und heiße in jeder Rauhnacht die Energien des neuen Jahres in deinem Leben willkommen.

Vielleicht gilt es in dieser Zeit auch, verlorene Seelenanteile zurückzuholen, die zu dir gehören, sodass du dich wieder »vollständig« fühlst. Wenn alter Schmerz in dir aufsteigt, sei gewahr, dass nur aus der Akzeptanz des Leids wieder neue Kraft erwachsen kann und du neuen Raum für Freude, Liebe, Frieden und Glück in dir erschaffst. Sei voller Mut und Zuversicht, und nimm dein Sein voller Liebe für dich selbst an. Du darfst deine Weiblichkeit spüren, dich mit all deinen Facetten wahrnehmen. Erkenne, dass du ein einzigartiges Wesen bist, wundervoll und perfekt, genau so, wie du bist! Sei weiblich, wild und weise.

Entdecke und feiere deine Weiblichkeit
in der magischen Zeit zwischen den Jahren.

Die zwölf heiligen Nächte – Ursprung und Mythologie

Ursprünglich entstammen die Rauhnächte der germanischen und keltischen Tradition. Der germanische Kalender kannte beispielsweise das Mond- und das Sonnenjahr. Das Sonnenjahr hatte 365 Tage, und in der Kombination mit dem Mondjahr mit jeweils 354 Tagen ergab sich eine Differenz von genau elf Tagen und zwölf Nächten. Damit bilden die »zwölf heiligen Nächte« eine spezielle Zwischenzeit, die eine besondere Energie und einen spürbaren Zauber trägt. Jeder Tag steht in Verbindung mit der Energie eines Monats des folgenden Jahres. Das alte Jahr ist fast vorbei, aber das neue noch nicht ganz da. Manch einem kommt es so vor, als würde die Zeit langsamer vorwärtsgehen. Die Tore zur Anderswelt und zum Jenseits, so heißt es, stehen weit offen. Feinstoffliche Kräfte können deutlicher wahrgenommen werden. Schon bei unseren Vorfahren galten die Rauhnächte aus diesem Grund als eine Zeit, in der Geister, Gespenster und Dämonen leichter Einzug halten konnten. Umso wichtiger wurden da Rituale, Bräuche und klare Regeln, um diese besonderen Tage und Nächte ohne Schaden zu überstehen. Der wesentliche Zweck von derartigen Bräuchen und Ritualen war, Negatives zu verhindern und Positives zu bewirken. Einige wurden von Generation zu Generation weitergetragen, viele davon jedoch haben leider an Bedeutung verloren. Altbekannte Rituale wie das Bleigießen, das Räuchern der Häuser und Ställe sowie das Sternensingen am 6. Januar führen Menschen aber auch heute noch durch.

Auch in der christlichen Tradition hatten die Rauhnächte eine Bedeutung, denn zwischen Jesu Geburt und dem Erscheinen der Heiligen Drei Könige fühlten sich die Menschen sehr mit Gott verbunden, und sie glaubten, dass er ihnen Träume und Botschaften schickte und wohlwollend und lenkend in ihr Leben eingriff. Doch was auch immer von den alten Traditionen und dem Brauchtum übrig geblieben ist, feststeht, dass diese Zeit seit jeher für die starke Verbindung zwischen der »geistigen« und der »menschlichen Welt« steht. Sie ist für Visionen, Träume und für spirituelle Erfahrungen ideal. Deshalb ergibt es Sinn, sich in den zwölf Nächten auf eine wundervolle spirituelle Bewusstseinsreise zu machen. Genauso selbstverständlich wie wir Weihnachten und Silvester feiern, können wir auch die Zeit zwischen den Jahren zelebrieren. Es macht wirklich Freude, Rituale auszuprobieren und die Kraft der weiblichen Archetypen für sich zu entdecken. Vielleicht hast du Spaß daran, einige Rituale neu oder wiederzuentdecken und aufleben zu lassen oder auch eigene Rituale zu erschaffen und diese an andere weiterzugeben.

In der modernen Zeit,
in der Zeremonien & Rituale wenig Platz finden,
sollten wir Altes wieder neu entdecken und uns Zeit nehmen,
es aufleben zu lassen

Die Magie der Rauhnächte
Die optimale Vorbereitung

Die Rauhnächte werden symbolisch auch als »Tage des Übergangs«, z. B. vom Leben zum Tod und zur Neu- bzw. Wiedergeburt, verstanden. Es ist eine Zeit der Bilanz, der Auf- und Abrechnung über alles, was im vergangenen Jahr geschehen ist. Es ist wichtig, das Alte noch einmal zu reflektieren, anzuschauen und bewusst loszulassen und Raum zu schaffen, bevor etwas Neues eingeladen werden kann. Damit du möglichst frei von altem Ballast in die Magie der Rauhnächte eintauchen kannst, ist es empfehlenswert, einige Vorbereitungen zu treffen. Alle wichtigen und unerledigten Dinge sollten daher abgeschlossen werden. Versuche, in den Rauhnächten so wenig wie möglich das Haus zu verlassen, und erledige Besorgungen und Einkäufe vorher. Achte auch darauf, dass du alles, was du zum Räuchern und für die Rituale brauchst, schon im Vorfeld beschaffst.

Hier findest du einmal eine Materialliste, damit du nicht an dem jeweiligen Tag noch etwas organisieren musst:

* Kartenset (Orakelkarten/Runen/Tarotkarten)
* Räucherwerk
* Rosenöl oder ein anderes Duftöl
* Wasser
* Krug, Schale, Karaffe
* Milch (tierisch oder pflanzlich, nach eigenem Belieben)
* Honig
* frische Rosen- oder andere Blütenblätter
* Kerzen, Teelichter
* Heft/Kladde oder Schreibblock und Stift
* Luftballon, Gas zum Befüllen des Ballons
* Redestein oder Redestab

Sorge außerdem dafür, dass alle Räume sauber und aufgeräumt sind. Erschaffe dir ein wohnliches Umfeld und einen besonderen Platz in deinem Zuhause, an dem du dich für die Zeit der Rituale gut zurückziehen kannst. Anbei findest du noch einige Anregungen: Sorge dafür, dass …

* du Ausgeliehenes zurückbringst und alles, was du an andere verliehen hast, wiederbekommst und an ihren Platz räumst.
* Angelegenheiten geklärt und offene Rechnungen bezahlt sind.
* alles Liegengebliebene aufgeräumt und Sachen aussortiert sind.
* deine Räume während der Rauhnächte energetisch gereinigt und geräuchert werden.
* du täglich eine Runde zum Spazieren nach draußen gehst.
* du die Natur wahrnimmst: die Bäume, den Fluss, die Vögel, den Wind.
* du Nahrung für Vögel und andere Tiere in der Natur hinstellst.
* du den Tiefstand der Sonne sowie ihren goldenen Glanz bewusster wahrnimmst.
* du den Schnee oder Raureif in der Natur bewunderst.
* du eine achtsame Haltung einnimmst: innehaltend, schweigend, nachdenklich oder auch beobachtend, was innen wie außen gerade bei dir passiert.
* du alle Arbeiten auf ein Minimum reduzierst und dir Auszeiten gönnst.
* alle Handlungen gründlich überdacht und geprüft werden.
* du dich immer wieder auf die Liebe und den Frieden in deinem Herzen ausrichtest.
* du dein inneres Licht täglich bewusst wahrnimmst und zum Leuchten bringst.

Alles, was in diesen Tagen passiert, hat einen Einfluss auf das nächste Jahr. Alles, was du jetzt säst, erntest du im neuen Jahr.

Rauhnächte sind Lostage
Die ideale Zeit zum Orakeln

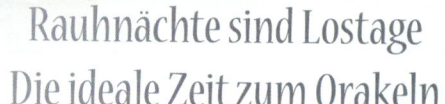

Dadurch dass in den Rauhnächten die Tore zur Anderswelt geöffnet und die Schleier zwischen den Dimensionen für Energien durchlässiger sind, erhältst du die Chance, noch klarer in deine Zukunft schauen zu können, was dich im kommenden Jahr erwartet. Die zwölf Rauhnächte waren schon immer eine beliebte Zeit zum Orakeln, denn sie gelten als besonders kraftvolle »Lostage«. Das Wort »Los« stammt aus dem Mittelhochdeutschen und bedeutet »Losungswort«, »Orakel« und geht auf das althochdeutsche Wort für losen, wahrsagen und zaubern zurück.

Um die Kraft der Vorsehung zu nutzen, kannst du nach Belieben in jeder Rauhnacht eine oder auch mehrere Orakel- oder Weisheitskarten ziehen. Es gibt wirklich zahlreiche und wunderbare Kartensets dafür. Solltest du keines besitzen, dann schaue dich im Buchhandel um, und wähle das Set aus, das dich vom Herzen aus anspricht. Egal, ob du dir ein neues Kartenset kaufen magst oder eines aus deiner Sammlung auswählst, spüre in dich hinein, welches in der jeweiligen Rauhnacht das richtige für dich ist. Du kannst das Kartenset in die Hand nehmen oder es auch an dein Herz halten. Spüre, bei welchem du einen deutlichen Impuls wahrnehmen kannst. Vertraue dir, und verlasse dich ganz auf deine Intuition. Wenn du ein Runenset besitzt, kannst du selbstverständlich auch Runen legen. Du kannst jeden Tag eine Karte oder Rune für den jeweiligen Monat des kommenden Jahres ziehen. Dabei gilt: Die erste Rauhnacht steht für den Januar des folgenden Jahres, die zweite Rauhnacht für den Februar …, die dritte Rauhnacht für den März … und so weiter. Du kannst dabei Fragen stellen wie:

✴ Was erwartet mich in dem Monat?

und/oder eine weitere Karte mit der Fragestellung ziehen:

✴ Was gilt es für mich, in diesem Monat zu tun?

*Kein Laut der Welt kann die innere Stimme,
die du in den Rauhnächten noch deutlicher als sonst
hören kannst, je verstummen lassen.*

Das Rauhnachttagebuch

Ein Rauhnachttagebuch eignet sich wunderbar, um darin alle Erkenntnisse und Beobachtungen festhalten zu können. Auch deine Visionen und Wünsche kannst du zu Papier bringen. Etwas aufzuschreiben, hat noch einmal eine besondere Kraft und mit dem Tagebuch kannst du dich auch später im Jahr daran erinnern, was du alles in den Rauhnächten erlebt und erfahren hast. Somit kann es dir immer wieder wertvolle Hinweise bieten.

Besorge dir ein Heft, ein Tagebuch, eine Kladde oder auch einen schönen Schreibblock. Dieses Notizbuch kannst du noch verzieren und verschönern, damit es eine persönliche Note erhält. Kreativ zu sein, ist ebenfalls eine sehr weibliche Eigenschaft, die es gilt auszuleben. Das Tagebuch sollte dein ganz persönliches Buch werden, in dem du während der Rauhnächte, aber vielleicht auch danach noch täglich oder mindestens einmal wöchentlich deine Erfahrungen und Erlebnisse aufschreibst, damit keine deiner Erfahrungen in Vergessenheit gerät. Und du kannst immer sehen, es kommt einiges zusammen in deinem Leben, das es wert ist, festgehalten zu werden, im Herzen – aber auch auf Papier!

Notiere alle deine Gedanken & Träume

Achte auch auf deine Träume,
sie überbringen dir wichtige Botschaften deiner Seele.

Träume spielen in den Rauhnächten eine besonders große Rolle, denn sie verraten dir etwas über dein Inneres, dein Unterbewusstes. Auch deine Tagträume gehören dazu. Sie spiegeln dir deine Erwartungen und Wünsche, aber auch deine Ängste und Sorgen. Träume können dir zeigen, was du erwartest, was du ablehnst oder was deiner Meinung nach in der Zukunft passieren kann – positiv wie negativ. Wenn du die Inhalte eines Traumes näher betrachtest, dann offenbaren sie dir ihren Charakter. Das können Befürchtungen und Ängste oder Wünsche und Sehnsüchte sein. Am Abend kannst du in deinem Rauhnachttagebuch deine Erfahrungen des Tages und jeweils am nächsten Morgen deine Träume der Nacht notieren. Auch empfiehlt es sich, auf die Geschehnisse sowie Begegnungen des Alltags zu achten und sie aufzuschreiben. Ebenso können über Gespräche und Worte wertvolle Hinweise von außen an dich herangetragen werden. Sei ganz offen, sensibel und empfänglich für alle Informationen, die dir zuteilwerden – sei es durch ein Lied, einen Film oder auch etwas, was du in einem Buch oder in einer Zeitung liest. Entdecke auch die versteckten Botschaften und ihre Essenzen, seien sie noch so subtil. Lasse dich überraschen.

Ein Traum offenbart dir immer deine größte Befürchtung
oder deine größte Sehnsucht.

Die Räume klären & räuchern

Räuchere dein Heim in der Zeit der Rauhnächte am besten täglich. Suche dir dafür feine Kräuter, Hölzer oder Harze aus, und reinige dein Energiefeld und dein Zuhause. In den Rauhnächten ist es empfehlenswert, täglich zu räuchern.

Um beispielsweise ein Zimmer zu reinigen, entzünde zunächst dein Räucherwerk, und gehe damit zuerst in die Mitte des Raumes, und lasse von dort aus den Rauch nach oben steigen. Räuchere dann die Ecken und Nischen. Vertraue bei der Räucherung deinem Bauchgefühl. Es wird dir sagen, an welchen Stellen stärker geräuchert werden sollte.

Es gibt verschiedene Arten zu räuchern, so kannst du z. B. Räucherschalen mit Räucherkohle verwenden. Es gibt aber auch Räucherschalen, über die ein Sieb mit Kräutern gelegt wird. Du kannst das Räucherwerk ebenso in ein offenes Feuer, in einen Kaminofen oder in ein Lagerfeuer werfen. Eine weitere Möglichkeit ist, einfach Räucherstäbchen zu kaufen. Schaue einfach, was dich anspricht und welches Räucherwerk du in den Rauhnächten brauchst, da die Kräuter, Harze und Hölzer verschiedene Wirkungen auf Körper, Geist und Seele haben.

Gern gebe ich dir an dieser Stelle einen kurzen Überblick über mögliches Räucherwerk und seine Wirkung: Salbei, Kampfer, Thymian, Myrte, Myrrhe und Wacholder wirken reinigend. Benzoe Siam schenkt Wärme, Geborgenheit, Schutz, Gelassenheit, spendet Trost, besänftigt und harmonisiert zwischenmenschliche Beziehungen. Lavendel schenkt Entspannung, Ruhe und Ausgleich. Melisse sorgt für Gelassenheit, Ruhe und Frische, harmonisiert die Stimmung und stabilisiert Gefühle. Patschuli öffnet die Tore zum Unterbewusstsein, schenkt Klarheit sowie Mut, Entschlossenheit und Kraft. Rosenweihrauch gilt als Symbol der Liebe und Leidenschaft, besänftigt unseren Geist, öffnet Seele und Herz, schenkt Geduld, Offenheit, Schönheit, Eigenliebe, Einfühlungsvermögen und Güte. Rosmarin unterstützt beim Loslassen, weckt unseren

Lebenswillen, stärkt das Selbstbewusstsein, motiviert, belebt und regt an. Styrax, auch bekannt als »Seelenbalsam«, öffnet uns für die Liebe, harmonisiert Geist und Seele, löst Spannungen und vertreibt negative Gedanken. Weihrauch fördert geistige Visionen, verstärkt Energien und schenkt Reinheit sowie Ruhe.

Mein absoluter Favorit, den ich gern zum Räuchern der Räume verwende, ist Palo Santo, was übersetzt »heiliges Holz« oder »heiliger Baum/Zweig« bedeutet. Er wirkt beruhigend und entspannend und ihm werden besondere Kräfte wie die Umwandlung negativer Energien in positive zugesprochen.

Sacred Place
Errichte dir einen Kraftort

Es ist empfehlenswert, dir für die Zeit der Rauhnächte einen besonderen Platz, einen heiligen Ort – ich nenne ihn »Sacred Place« –, zu errichten, an dem du für die Zeit der Rituale ungestört bist. Dieser Sacred Place ist dein eigener Kraftort. Das muss kein großer Bereich oder eigener Raum sein, sondern kann eine Zimmerecke, dein Nachttisch, eine Kommode oder einfach ein Platz sein, an den es dich besonders hinzieht. Wichtig ist, dass der Sacred Place dein geschützter Bereich ist und er deine Energie trägt. Die beste Möglichkeit, um zu verstehen, was ein Sacred Place ist, ist, dir einen zu erschaffen und ihn mit persönlichen Gegenständen zu beleben. Du wirst dadurch die Magie dieses Ortes spüren, und es macht Spaß, dort zu träumen und zu meditieren. Du kannst an diesem Kraftort auch dein Rauhnachttagebuch aufbewahren oder darin schreiben oder deine Rituale durchführen. Suche dir also im Haus oder in der Wohnung einen Platz, an dem du dich sicher und wohlfühlst. Wenn du durch deine Räume gehst, spüre nach, wo du dir deinen Sacred Place einrichten willst. Wenn du ihn gefunden hast, dann verschönere ihn mit einem Teppich oder einem kleinen Tisch, oder breite eine Decke auf dem Boden aus. Wenn du magst, kannst du dir auch einen »Altar« errichten und ihn zu deinem heiligen Kraftort erklären. Sei ganz kreativ und intuitiv. Du kannst ihn mit allem schmücken und einrichten, was dir wichtig erscheint. Lege frische Blumen, Edelsteine, Räucherwerk, Symbole, Figuren, Kerzen, Ringe, Ketten, Bilder oder Ähnliches von deinen Ahnen oder Meistern und Lehrern wie auch die Orakelkarten oder Runen auf deinen Kraftplatz. Du kannst alle Gegenstände, die dir viel bedeuten oder die zu deiner Weiblichkeit gehören, dazulegen. Wichtig ist, dass du dir erlaubst, einen Ort für Kraft und Heiligkeit zu erschaffen, und ihn so schmückst und mit Gegenständen verzierst, dass es für dich richtig ist. Egal, was andere denken. Du kannst beim Zusammensuchen der Gegenstände ganz intuitiv vorgehen. Lasse dich zu den Dingen führen, nimm sie in die Hand, und spüre, ob sie auf deinen Kraftplatz gehören.

Nutze die Elemente zur Erschaffung des Sacred Places

Ein besonderes Merkmal von Rauhnachtritualen ist, dass sie in einem dafür vorgesehenen und eingerichteten Raum zelebriert werden. Innerhalb dieses Raumes wird eine bewusste Stimmung erzeugt bzw. ihm wohnt ein gewisser Zauber inne, sodass Öffnung, Wandlung und Transformation während des Rituals stattfinden kann. Erschaffe dir deinen eigenen Sacred Place, in dem du dich mehr mit dir selbst verbinden und deiner Weiblichkeit näherkommen kannst. Du wirst im Laufe des Buches Rituale, Übungen und Meditationen kennenlernen, die dich lehren, in deinem tief fühlenden, erwachten weiblichen Herzen vollkommen präsent zu sein und diese Geisteshaltung in den Alltag zu integrieren. In diesem Kapitel geht es darum, einen kraftvollen und geschützten Raum zu erschaffen, in dem du dein Frausein genießen und feiern sowie Erfahrungen machen und die Verbindung aller Frauen zueinander und zum Göttlich-Weiblichen teilen und stärken kannst. Ritualarbeit ist für Frauen besonders energiebringend, denn wir verbinden uns auf besondere Art und Weise mit unserer schöpferischen Kraft. Indem wir uns mit Mutter Erde verbinden, kommen wir mit der Großen Mutter, dem urweiblichen Teil unserer Schöpferkraft in Kontakt.

Du kannst deinen Sacred Place nach den Himmelsrichtungen ausrichten, ihn mit den dazugehörigen Elementen ausstatten und die unterstützenden Energien zu den Ritualen einladen. Die vier Himmelsrichtungen und die Elemente Feuer, Erde, Wasser und Luft verkörpern bestimmte Kräfte und Energien. Dem Norden ist das Element Erde, dem Osten ist die Luft, dem Süden das Feuer und dem Westen das Wasser zugeordnet. Je nach Tradition ist es möglich, dass es auch andere Zuordnungen der Elemente zu den Himmelsrichtungen gibt.

Du kannst selbst entscheiden, ob es sich für dich stimmig anfühlt, wenn du mit den Elementen arbeitest und sie zu dir einlädst. Schmücke dann deinen Sacred Place mit den Elementen. Für das Element Erde kannst du einen Stein bereitlegen oder eine Schale mit Erde oder Salz füllen, für das Element Feuer kannst du eine Kerze anzünden, für das Element Wasser eine Schale mit Wasser bereitstellen und für das Element Luft ein Räucherstäbchen entzünden. In die Mitte kannst du Blumen, Edelsteine und auch Gegenstände zum energetischen Aufladen, z. B. Ringe, Ketten oder ein Halstuch, legen.

Den Sacred Place eröffnen

Bedenke, dass jetzt genau in diesem Augenblick, viele andere Frauen ebenfalls die Raunächte zelebrieren. Verbinde dich gedanklich sowie emotional mit dem energetischen Netz anderer Frauen, und fühle die Verbundenheit dieser Frauen untereinander auch über Entfernungen hinweg. Denke daran, dass du deine Energie jederzeit ausweiten kannst. Energie kennt weder Raum noch Zeit. Wie auch in der Metta-Meditation, einer speziellen Form der Meditation, in der es darum geht, Herzensgüte zu kultivieren und in die Welt zu senden, kannst du die Energie der Rauhnächte ebenso anderen Menschen und Wesen zukommen lassen. Öffne dein Herz für dich selbst und andere – und schaffe gemeinsam mit den anderen Frauen Liebe und Frieden im Herzen.

Wenn du schon einmal Energiearbeit in einer Gruppe erlebt hast, dann wirst du dabei deutlich gespürt haben, dass sich das Energielevel um ein Vielfaches erhöht, wenn mehr Menschen diese Arbeit miteinander teilen. Zudem verändern wir nicht nur unser eigenes Energiefeld, sondern auch das unserer Umgebung. Die Energie kann sich dadurch im morphogenetischen Feld verbreiten. Das morphogenetische Feld ist das »allumfassende kollektive Bewusstseinsfeld«, aus dem Informationen aufgenommen und weitergegeben werden können. Wenn also beispielsweise viele Menschen gemeinsam meditieren und zum gleichen Zeitpunkt für Frieden beten, dann hat das zur Folge, dass sich die Kraft jedes Einzelnen im morphogenetischen Feld um ein Vielfaches potenziert. Wenn du dich also mit anderen Frauen in den Rauhnächten auf energetischer Ebene verbindest, kannst du selbst, wie auch andere Frauen des kollektiven Feldes, verstärkt Heilung erfahren. Somit gelingt es dir auch, noch mehr Achtsamkeit in deine Weiblichkeit zu bringen, und gleichzeitig trägst du dazu bei, das kollektive Feld der Frauen zu stärken und zu transformieren. Die transformativen Energien in dieser Zeit sind für dich, wie für alle andere Frauen dieser Erde, ein immens großes Geschenk.

Die Kraft der Rituale

Rituale erlauben es uns, Problemen, Krankheiten und Schmerzen, aber auch unserer Freude und Dankbarkeit Ausdruck zu verleihen. Wir können unsere Ideen, Gedanken, Absichten und Wünsche in konkrete Handlungen umsetzen und somit die Energien in Bewegung bringen. Eine rituelle Handlung kann letztendlich die Auflösung unserer Probleme bewirken und zur Erfüllung unserer Wünsche dienen. Menschen brauchen Rituale, um sich zu strukturieren. Durch ihren festgelegten Ablauf vermitteln sie Ruhe und ein Gefühl von Sicherheit. Rituale sind wie Versprechen, die wir uns selbst geben. Zudem haben sie etwas Kanalisierendes, denn sie unterstützen und verleihen uns Kraft.

Eine Gutenachtgeschichte kann beispielsweise ein Abendritual für Kinder sein, das immer nach demselben Schema abläuft, dem Kind Sicherheit gibt und den Übergang in den Schlaf erleichtert. Ein anderes Beispiel ist auch das Weihnachtsfest, das in vielen Familien und Freundeskreisen einen speziellen Ablauf und somit ritualhaften Charakter hat. Rituale stärken uns in den verschiedensten Bereichen, und das gilt für Kinder und Erwachsene gleichermaßen. Beispielsweise helfen Rituale auch bei der Bewältigung von Stresssituationen. Wenn für uns ein wichtiges Ereignis ansteht, dann kann das Trinken einer Tasse Tee oder Zeitunglesen ein wichtiges morgendliches Ritual sein, um entspannt den Tag zu beginnen. Es gibt noch viele weitere Alltags- oder Familienrituale wie gemeinsam kochen und essen oder ein ausgiebiges Sonntagsfrühstück.

In unserer schnelllebigen und unvorhersehbaren Welt bieten uns Rituale durch ihre Struktur Halt, Orientierung sowie Verbundenheit. Sie sind immer auch ein Stück Heimat, denn wir können persönliche Rituale an fremden Orten oder in ungewohnten Umgebungen, z. B. im Urlaub, durchführen und dadurch besser ankommen, uns schneller eingewöhnen und wohlfühlen. Rituale richten sich nicht nur an unseren Verstand, sondern auch an unsere Gefühle. Durch ihre festen Formen können sie

Gefühle kanalisieren bzw. starke Gefühle bannen. Es gibt eine Vielzahl von Ritualen, um die Kraft der Götter einzuladen oder die Götter gnädig zu stimmen. Zuständig dafür waren zumeist Priester und Schamanen. Zu den kirchlichen Ritualen gehören die Hochzeit, die Taufe eines Kindes und die Beerdigung eines verstorbenen Menschen. Aber auch im alltäglichen Leben vollzieht jeder seine ganz persönlichen Rituale für Ruhe und Orientierung. Sei es das Duschen am Morgen, ein Spaziergang in der Mittagspause, das Anschauen der Lieblingsserie am Abend oder das Lesen eines Buches zum Einschlafen. Rituale werden zur Gewohnheit, und wenn sie uns fehlen, fühlen wir uns unvollständig.

Immer wenn wir uns neuen Ritualen widmen, braucht es etwas Zeit, bis uns deren Abläufe vertraut sind. Erst wenn wir uns an ein Ritual gewöhnt haben, können wir uns einfühlen, entspannen und unser Denken und Fühlen vom Ritual tragen lassen. Gib dir die Zeit, die Rituale, die ich dir in diesem Buch anbiete, in Ruhe kennenzulernen und gegebenenfalls auch zu verändern, wenn sich das für dich richtig anfühlt. Du kannst z. B. ein Element hinzuzufügen, wenn dir etwas Wichtiges fehlt. Erlaube dir, sie so abzuwandeln, bis du dich mit ihnen ganz wohlfühlst.

Die Durchführung der Rituale & Übungen

Suche dir einen geeigneten Zeitpunkt zur Durchführung der Rituale. Das kann beispielsweise der späte Abend oder die frühen Morgenstunden sein. Die Übungen kannst du vielleicht besser am Nachmittag der jeweiligen Rauhnacht durchführen, da sie teilweise auch andere Menschen involvieren. Lasse die Energien der Rituale auf dich wirken, und tauche in ihre Schwingung ein. Bleibe im Kontakt mit deinen Gedanken und deinen Gefühlen, und spüre auch die Empfindungen deines Körpers. Schenke dir selbst Aufmerksamkeit. Sei liebevoll und sanft zu dir selbst. Erlaube dir, dass sich alles so zeigen darf, wie es ist, und nimm an, was sich zeigt. Damit ein Transformationsprozess stattfinden kann, ist es sehr wichtig, dass du nichts ablehnst oder versuchst abzuwehren. Wir lernen am besten übers Fühlen, von daher nutze alle deine Gefühle in voller Intensität, und sei dankbar dafür, dass du dir selbst die Möglichkeit gibst, dass diese Emotionen ans Licht kommen dürfen. Gehe vor dem Schlafengehen noch einmal ganz bewusst in die Stille. Es reichen wenige Minuten, in denen du deinen Geist zur Ruhe kommen lässt und dich ausschließlich auf deine Atmung konzentrierst. Atme ruhig ein und aus, und immer wenn ein Gedanken kommt, richte deinen Fokus wieder auf die Einatmung und Ausatmung. Mehr gibt es nicht zu tun in diesen Minuten. Es geht darum, dich zu erden. Spüre den inneren Frieden, und genieße dein Sein.

Der Ablauf von Ritualen

Wie du im vorherigen Kapitel schon lesen konntest, haben Rituale einen festen Ablauf. Ich möchte hier kurz die einzelnen Schritte erklären, dir aber auch ans Herz legen, deine eigene Abfolge zu finden, und dich nicht dazu gezwungen zu fühlen, dich fest an das Geschriebene zu halten. Wenn ich ein neues Rezept ausprobiere, dann koche ich es vielleicht das erste Mal nach Anleitung, spätestens beim zweiten Mal aber bringe ich schon meine »persönliche Note« mit ein, weil mir noch eine weitere Zutat oder ein Gewürz einfällt, das ich ausprobieren möchte. Oder ich lasse auch etwas weg, weil es mir nicht so gut geschmeckt hat. Generell kannst du die Rituale und Übungen wie eine Art Büfett betrachten, das bedeutet: Nimm dir, was dir schmeckt, und nimm davon reichlich. Und das, was dir nicht schmeckt, das lasse einfach liegen. Ganz genau so, wie du es auch bei einer Feier am Büfett machen würdest.

Nun zum Ablauf: Rituale haben immer denselben Anfang und dasselbe Ende. Zu den Vorbereitungen gehören: den Sinn und Zweck des Rituals definieren, die Handlungsabfolge bestimmen, notwendige Utensilien bereitstellen und den heiligen Platz vorbereiten. Dann kann man sich geistig und körperlich auf das Ritual einstimmen, vielleicht durch eine kurze Atemmeditation oder einige Minuten Stille, bevor der Sacred Place eröffnet wird. Dabei können die Elemente, Schutzgeister, Engel, Gottheiten und auch die Ahnenreihe angerufen werden, um sich mit ihrer Energie zu verbinden. Danach folgt das Anliegen, also der eigentliche Akt, den es durchzuführen gilt, z. B. eine Heilung, Reinigung, Vergebung oder eine andere Absicht. So kann man beispielsweise Wünsche in Rosenblätter hauchen und diese in eine Schale Wasser geben, oder man verwendet Lorbeerblätter und verbrennt diese. Als eine Art Andacht kann man im Anschluss den Spirits danken und ihnen zu Ehren eine weitere rituelle Handlung vollziehen. Auch können Opfergaben zum Dank gebracht und Mutter Erde übergeben werden. So kann der heilige Raum wieder geschlossen werden.

Die Qualität der Rauhnächte mit Fokus auf die zwölf weiblichen Archetypen

Menschen bestehen aus verschiedenen Persönlichkeitsanteilen. Diese Anteile können wiederum verschiedene Qualitäten besitzen und sich so voneinander unterscheiden. Sie können also auch gegensätzlich agieren, wenn sie nicht miteinander vernetzt sind. Ebenso können Störungen auftreten, wenn einzelne Anteile außer Kontrolle geraten und keine Kooperation mehr zwischen ihnen stattfindet. Erst wenn uns verborgene Anteile bewusst sind, kann eine Integration der Anteile stattfinden. Dadurch wird unser »Ich-Erleben« gestärkt. Ab diesem Zeitpunkt können wir das eigene Selbst von den inneren Anteilen abgrenzen und dadurch auch neue Ressourcen freisetzen. Archetypen sind ebenfalls innere Anteile unserer Persönlichkeit, denen wir bewusst begegnen können, wenn wir es wollen. Bei Archetypen handelt es sich sozusagen um »Urbilder der Seele« im kollektiven Unbewussten aller Menschen. Dementsprechend finden sich diese Urbilder in jedem von uns – unabhängig von unserer Herkunft, Geschichte oder persönlichen Einstellung. Sie existieren seit Menschengedenken in sämtlichen Kulturen, und wir begegnen ihnen in zahlreichen Erzählungen, Sagen und Märchen als spezifisch geprägte Formen. Die Arbeit mit Archetypen wurde durch den Psychoanalytiker C. G. Jung begründet. Für ihn sind Traumbilder Symbole des kollektiven Unbewussten, in dem sich Archetypen manifestieren. Nach C. G. Jung tauchen niemals bizarre, befremdliche, sonderbare oder kuriose Bilder in Träumen auf, auch wenn es uns manchmal so erscheint, sondern nur »ererbte« Symbole und Emotionen, die alle Menschen gleich assoziieren. Alle Urbilder repräsentieren eine charakterliche Qualität, eine Fähigkeit, eine Verhaltensweise, und sie erinnern uns daran, dass alle Qualitäten in uns wohnen. Wenn wir mit den Archetypen in Kontakt treten, können wir ihre Kräfte zu uns einladen, und diese Qualitäten treten vermehrt in unser Leben – Qualitäten, nach denen wir uns vielleicht schon lange sehnen. Archetypen sprechen in der Sprache der Mythen und Symbole zu uns. Sie sind der Schlüssel zu unserer persönlichen Stärke. Wenn wir einen Zugang zu den unterschiedlichen Archetypen in uns finden bzw. schaffen, können wir uns mit unserer Ur-Energie und unseren Ahninnen verbinden. Da Urbilder auch über Träume und Visionen in Erscheinung treten, eignen sich die mystischen Rauhnächte als perfekter Zeitpunkt, um ihnen noch intensiver als sonst zu begegnen. Wenn wir uns mit den Archetypen beschäftigen, können wir unsere innere Balance fördern und transformative Kräfte, die von ihnen ausgehen, erfahren. Urbilder vermögen es, eine Brücke zwischen der realen Welt, in der wir leben, und jener mystischen und symbolreichen Innenwelt, die jenseits unseres Verstandes liegt, zu schlagen. Jeder Archetyp hat seine Charakteristika und hält eine Lektion wie ein Geschenk für uns bereit. Wer sich mit den Archetypen vertraut macht, kann – bislang unbewusste – Anteile ans Licht holen und sich diese bewusster zu eigen machen, um so mehr Reaktionsmöglichkeiten im alltäglichen Leben zu haben. Durch die verschiedenen abwechslungsreichen Übungen im Buch wird es für jeden möglich sein, die jeweiligen Archetypen von Rauhnacht zu Rauhnacht kennenzulernen und zu integrieren. Die Kraft der Archetypen in dieser bewussten und magischen Zeit des Jahres zu erkunden, eröffnet dir neue Wege, um deine eigene Weiblichkeit noch bewusster und authentischer in Einklang mit deinen ureigenen Talenten und den Wesenszügen des jeweiligen Archetyps zu bringen. In den Rauhnächten hast du die Chance, zwölf verschiedenen Archetypen zu begegnen. Zeitgleich kannst du dabei herausfinden, welche Urbilder in deinem Leben schon präsent und tonangebend sind. Andere wiederum entdeckst du vielleicht zum ersten Mal und erhältst im Laufe des Buches einen Zugang zu ihrem Wesenskern. Es ist so, als würdest du ein Kleid anlegen, das schon lange in deinem Schrank hängt und für dich bestimmt ist. Jedes Ritual und jede Übung aktiviert die Kraft eines Archetyps in dir und stärkt ihn zugleich.

Fallbeispiel zur Kriegerin

Auf vielen meiner Archetypen-Seminaren konnte ich als Seminarleiterin immer wieder die Veränderungen miterleben, die Menschen durchmachen, wenn sie plötzlich mit der Kraft eines bestimmten Archetyps in Berührung kamen.

So erkannte beispielsweise eine Seminarteilnehmerin, dass sich ihr Bedürfnis, endlich einmal »Nein« zu sagen und anderen gegenüber ihre Grenze zu setzen, durch den Kontakt zum Archetyp »Kriegerin« völlig veränderte. Sie wollte nicht unsozial und egoistisch wirken und erlaubte sich nie, für sich selbst einzustehen. In der Arbeit mit der Kriegerin brach etwas aus ihr heraus, und sie konnte plötzlich fühlen, dass bestimmte Qualitäten tief in ihr versteckt und verdrängt waren. Sie ist zeitlebens immer wieder in Situationen geraten, die mit Grenzüberschreitung, Hilflosigkeit und Ohnmacht zu tun hatten. Während des Seminars konnte sie in einer speziellen körperorientierten Übung, einem angeleiteten Stockkampf, spüren, dass sie dabei – wie im Alltag auch – in eine Starre fiel. Das Gefühl, sich nicht wehren zu können, überwältigte sie. Auch in ihrem alltäglichen Leben ist sie immer zurückgetreten, ausgewichen oder gar geflüchtet. Die Verhaltensmuster »Erstarrung« oder »Flucht« kannte sie aus ihrem bisherigen Leben. Doch in der Stockkampf-Übung erkannte sie diese als schädliche Verhaltensmuster, in denen sie zeitlebens gefangen war. Sie war zutiefst berührt und begann zu weinen, als sie spürte, dass sie mit ihrer inneren Kriegerin gar nicht verbunden war. Dieser fehlende Anteil führte dazu, dass sie in ihrem Leben erstarrte oder flüchtete, anstatt Verantwortung zu übernehmen und für sich selbst einzustehen. Als die innere Kriegerin in ihr vollständig erwacht war, konnte sie eine bewusste Entscheidung treffen, nämlich die, die Energie des Archetyps zu sich einzuladen und sich jederzeit mit ihr zu verbinden. Durch wechselnde Übungen während des Stockkampfes kam sie mehr und mehr dazu, ihr wahres Selbst zu erkennen sowie die Stärke der Kriegerin als hilfreichen Aspekt anzunehmen und in ihre Gefühle zu integrieren. Jeder im Raum konnte ihre Wandlung innerhalb dieser scheinbar einfachen Übung wahrnehmen. Auch sie selbst spürte, dass sich innerhalb dieser Körpererfahrung ihre Haltung und ihre gesamte Ausstrahlung veränderte. Diese Erfahrung und diese neu gewonnene Energie ermutigten sie, für sich selbst einzustehen. Die Kriegerin gab ihr als Geschenk die Selbstbestimmung, die Selbstverantwortung und den Selbstschutz zurück, den sie seit der Kindheit verloren hatte. Es war bezeichnend und faszinierend zu sehen, wie sich innerhalb kürzester Zeit Mimik, Gestik und Präsenz veränderten. Sie begann, selbstbewusst und selbstbestimmt ihren Platz zu verteidigen, dem Gegenüber eine Grenze zu setzen, aber ohne dass dieser Schaden nahm. Auch nach dem Seminar arbeitete sie weiter mit diesem Archetyp, und sie berichtete später, dass ihre Opferhaltung ganz aus ihrem Leben verschwunden sei. Durch diese Erfahrung hat sie Unbewusstes in Bewusstsein gewandelt. Allein diese Erkenntnis und der Mut, es zu (durch-)fühlen, hat ihr tiefe Heilung gebracht. Sie wurde zunehmend präsenter, kräftiger und mutiger und traute sich plötzlich auch im alltäglichen Leben, vermeintlichen »Angriffen« standzuhalten, sich gegenüber anderen zu verteidigen, und sich durchzusetzen, wenn es wichtig war. Durch die Arbeit mit der inneren Kriegerin hatte sie begonnen, sich die Erlaubnis zu erteilen, gut auf sich selbst zu achten und sich künftig auch gegen emotionale Angriffe und Überforderung zu schützen. So wurden die Fähigkeiten und Qualitäten der inneren Kriegerin zu einer wichtigen Ressource.

Gefühle in den Rauhnächten liebevoll betrachten

Wir werden zwar mit der Fähigkeit zu fühlen, geboren, aber wie wir mit unseren Gefühlen umgehen, das müssen wir uns im Laufe des Lebens selbst aneignen. Wenn wir unsere Gefühle bewusst wahrnehmen, sie steuern und sie angemessen ausdrücken, erhöhen wir unsere Resilienz –

unsere innere seelische Widerstandskraft. Wir finden Mittel und Wege, emotional zu agieren und zu reagieren. Unseren Gefühlen wahrhaftig zu begegnen, ist der wichtigste Schritt zur Ganzwerdung und zur Authentizität. Nur wer sich selbst akzeptiert und seine Gefühle so annimmt, wie sie sind, kann auch die Fähigkeit entwickeln, andere Menschen und ihre Gefühle so anzuerkennen, wie sie sind.

Ich möchte dich dazu ermutigen, alle deine Gefühle liebevoll zu betrachten, sie wahrzunehmen und sie aus vollem Herzen anzunehmen, weil sie zu dir gehören. Gefühle, ob bewusst oder unbewusst gelebt, sind ein Teil von dir. Keines deiner Gefühle steigt grundlos in dir auf, jedes hat seine Berechtigung. Seinen Ursprung. Ein Gefühl ist eine Reaktion auf etwas – also die Folge einer Ursache.

Sei freundlich zu dir und deinen Gefühlen. Versuche, keines loszuwerden oder nicht zu fühlen. Versuche auch nicht, deine Gefühle zu verdrängen, sie zu leugnen oder sie größer oder kleiner zu machen, als sie sind. Nimm dich selbst in die Arme, und mache die Erfahrung, wie viel Freiheit dir das Fühlen deiner wahren Gefühle bringt. Ich biete dir im Folgenden zwölf Rauhnachtsübungen an, damit du ganz bewusst »ins Fühlen« kommst. Höre dir selbst zu, und spüre aufmerksam in dich hinein. Frage dich, was du für dein Wohlbefinden brauchst. Behandle dich freundlich, und sei sanft und liebevoll zu dir und deinem Körper.

Die zwölf weiblichen Archetypen

In den zwölf Rauhnächten triffst du auf zwölf weibliche Archetypen. Du beschäftigst dich mit ihren Fähigkeiten und Qualitäten. Du wirst die wilde Frau, die Kriegerin, die Priesterin, die Mutter, die Weggefährtin, die Heilerin, die Liebende, die Künstlerin, die Jungfrau, die weise Alte, die Wandlerin und die Königin treffen. Ich habe zu jeder Rauhnacht und zu jedem Urbild ein spezielles Ritual und eine Übung für dich verfasst. So geht es bei der Liebenden um die Sinnlichkeit und den Genuss. Die wilde Frau animiert dich dazu, Kontakt mit Mutter Erde aufzunehmen, damit du dich erden und neue Kräfte tanken kannst. Die Wandlerin wiederum steht dir bei, wenn es um Veränderungen und Abschiede in deinem Leben geht, und sie gibt dir die Kraft, loszulassen, um Raum zu schaffen für Neues. Ich habe zu jeder Rauhnacht und zu jedem Archetyp ein spezielles Ritual und eine Übung für dich verfasst. Wenn du mit den zwölf Archetypen und ihren Kräften, die in dir verborgen sind, in Kontakt treten willst, ist es ratsam, diese durchzuführen und dabei stets aufmerksam und bewusst zu sein. Sei freundlich zu dir, sei neugierig, was du entdecken kannst, und freue dich auf die zahlreichen Botschaften und Geschenke, die dir jeder einzelne der zwölf Archetypen mitbringt.

Wenn wir die uns innewohnenden Archetypen aktivieren
und ihnen Raum geben, sich zu entfalten,
stehen Sie uns für den Rest unseres Lebens
als Ressource zur Verfügung.

Die zwölf Rauhnächte
Zur Einstimmung:
Eine Atemmeditation für die zwölf Rauhnächte

Du kannst, bevor du dich mit dem Thema der einzelnen Rauhnächte beschäftigst, mit einer kleinen Einstimmung beginnen. Dazu kannst du dich an deinen Kraftplatz setzen oder vor deinen Altar oder auch an einen anderen beliebigen Ort, an dem du dich wohlfühlst. Entzünde eine Kerze, und stelle dir vor, wie das Licht der Kerze sich mit deinem inneren Licht verbindet. Beobachte einige Atemzüge lang die Kerze. Atme nun 12 Mal tief ein und aus, und denke bei jedem einzelnen Atemzug an jeweils einen der zwölf bevorstehenden Monate. Denke also beim ersten Atemzug an den kommenden Januar, und atme dann tief ein und aus. Denke anschließend an den kommenden Februar, und atme tief ein und aus. Denke an den kommenden März, und atme wieder tief ein und aus … und so machst du weiter, bis du am Dezember angekommen bist. Halte danach für kurze Zeit inne, und genieße die Stille, und spüre, wie sich Ruhe und Entspannung in deinem Körper bis in alle deine Zellen ausbreiten. Nimm wahr, was ist, was du gegenwärtig in deinem Körper empfindest, was du im Herzen fühlst und im Geiste denkst. Nimm dir Zeit dazu, und frage dich:

Welche Gedanken begleiten mich?
Welche Gefühle nehme ich wahr?
Und wo kann ich diese als Empfindung im Körper spüren?

Atme bewusst in die Stelle deines Körpers, in der sich dir besondere Empfindungen zeigen. Wenn du magst, kannst du auch eine Hand sanft auf diese Stelle legen. Spüre, wie die Wärme deiner Hand ganz liebevoll in diese Stelle sinkt. Sieh vor deinem inneren Auge, wie ein weiß-goldenes Licht alles reinigt und klärt, was dir nicht mehr dienlich ist. Stelle dir vor, wie du mit jedem Atemzug »neue, frische Energie« aufnimmst und wie du bei jedem Ausatmen alte und verbrauchte Energie abgibst. Atme so lange, bis dein Geist nahezu frei von Gedanken ist, deine Gefühle ruhig sind und dein Körper sich entspannt anfühlt. Wenn du ganz bei dir angekommen bist, dann öffne deine Augen, und nimm wieder den Raum um dich herum wahr.

Diese Einstimmung dient lediglich als Anregung, und vielleicht hast du auch eine eigene Vorstellung bzw. Idee, wie du dich auf die jeweilige Rauhnacht einschwingen möchtest.

Öffne dich für die Magie der
ersten **Rauhnacht**

24./25. DEZEMBER

Die wilde Frau

1. Mondmonat: Januar
Astrologisches Tierkreiszeichen: Steinbock
Archetyp: die wilde Frau/die Erdverbundene/die Wolfsfrau
Themen: Stabilität, Basis, Wurzeln, Erdung

ASPEKTE:
Urinstinkte, Reflexe, Triebe, Gefühle, Körperweisheit, Erdung, Ver-
wurzelung, Existenz, Fesseln sprengen, Einzigartigkeit,
Selbstachtung, Urvertrauen, Unabhängigkeit, Temperament,
Lebendigkeit, Wildheit, Ungezähmtheit, Feuer,
Selbstbewusstsein, Enthusiasmus

RITUAL:
Erdungsritual: Sich mit der Erde verbinden

ÜBUNG:
Tanz der Wolfsfrau

Dieser Archetyp ist lebhaft, eigenwillig, verrückt und kann auch widerspenstig und unbändig sein, denn die wilde Frau genießt das pure Leben. Sie feiert die eigene Weiblichkeit und räumt sich dafür die nötigen Freiräume ein. Die wilde Frau misst Konzepten und Konventionen keine übergeordnete Bedeutung zu, denn sie folgt ihrer eigenen Wahrnehmung und ihren Impulsen. Sie hat die unbändige Kraft erkannt, die in ihr wohnt, und kann sie auch zulassen. Wilde Frauen sind inspirierend, stark und authentisch. Sie lassen sich nicht von anderen oder der Gesellschaft vorschreiben, wie sie ihr Leben zu leben haben. Sie hören und vertrauen auf ihre innere Stimme, auf ihre Intuition. Sie erlauben es sich, auch mal gegen die Norm zu agieren und sind im Frieden mit ihrer Weiblichkeit. In unserer von Männern dominierten Welt bricht sie mit den Zwängen der Gesellschaft und findet so ihren eigenen Platz. Die wilde Frau lässt sich nicht von außen lenken – sie lebt von innen heraus, denn ihre wilde Seite ist natürlich, kreativ und inspirierend. Viele Frauen spüren, dass sie die wilde Frau in sich zulassen und ausleben möchten. Die wilde Frau liebt ihre Naturverbundenheit, ihre Unabhängigkeit und auch ihre Wildheit. Weil ihr ihre eigene Freiheit besonders wichtig ist, gesteht sie auch anderen ihre Eigenständigkeit zu. Ihre weiblichen Kräfte lebt sie expressiv und exzessiv, und sie nutzt sie auch, um sich gegen Ungerechtigkeiten und Machtstrukturen aufzulehnen.

Die Energie der wilden Frau wird dann aktiviert, wenn wir unseren Instinkten vertrauen, unserer Intuition folgen, unseren eigenen natürlichen Rhythmus leben und uns frei von Zwängen für wahre Unabhängigkeit entscheiden. Weil die wilde Frau eine instinktgeprägte und unzähmbare Natur besitzt, verspürt sie eine starke Verbundenheit zu den Kräften der Natur, zu Pflanzen und zu wilden Tieren.

Wenn du der wilden Frau in dir begegnest, dann stellst du eine tiefe Verbindung zur Erde her und kannst deine Wurzeln vertrauensvoll und tief in Mutter Erde sinken lassen, um dich aus der Quelle allen Lebens zu nähren und um heil zu werden. Wenn du dich der tragenden und kräftigenden Qualität von Mutter Erde anvertraust, kannst du dich selbst annehmen, für dich selbst einstehen und deinen Standpunkt vertreten, ohne dich der Meinung anderer anpassen zu wollen. Die wilde Frau fordert dich dazu auf, nun allen überflüssigen Ballast abzulegen, den du dir selbst aufgeladen hast oder den andere dir aufgeladen haben. Wenn du mit deiner wilden Frau verbunden bist, kommst du in Berührung mit deiner ursprünglichen weiblichen Kraft, die dir innewohnt. Durch deinen neu entdeckten Kontakt zur Natur erlaubst du dir, nach deinem eigenen Maßstab zu leben und das loszulassen, was dich vom Leben und von der unbändigen Freude abhält. Entdecke die unbändige und lebendige Kraft der wilden Frau in dir. Nutze ihre untrüglichen Instinkte, und lasse dich nicht von gesellschaftlichen Normen und Erwartungen anderer zu etwas zwingen. Die wilde Frau lässt sich auch nicht zähmen oder in ein rigides Rollenbild pressen. Sie ist freiheitsliebend, unabhängig und folgt ihren eigenen Instinkten.

Beschäftige dich heute mit den folgenden Fragen:

* Wann war ich das letzte Mal so richtig wild und frei?
* Erlaube ich mir, unabhängig zu sein?
* Lasse ich mich in Rollen zwängen, die mir nicht guttun?
* Was kann ich tun, um mich von den Fesseln zu befreien?
* Wie kann ich meine wilde Natur ausleben?
* Fühle ich mich einsam oder mit anderen bzw. der Welt verbunden?
* Lasse ich meinem Temperament freien Lauf?
* Welche Frauen kenne ich, die die wilde Frau in sich tragen?

Erdungsritual
Sich mit der Erde verbinden

In früheren Zeiten hatten Menschen ein anderes Bewusstsein zu Mutter Erde. Sie saßen auf dem Boden, aßen und schliefen sogar darauf, und meistens liefen sie barfuß. Tatsächlich ist das Barfußlaufen die einfachste Möglichkeit, um Kontakt zur Erde aufzunehmen und sich mit ihrer heilsamen Energie zu verbinden. Wahrscheinlich kennst auch du das wunderbare Gefühl, deine Füße am Strand in Sand zu vergraben oder auch über eine Wiese zu laufen und das Gras zu spüren. Doch nicht nur das Laufen, sondern auch das Schwimmen im Meer oder in einem See ist ein wahres Naturerlebnis, bei dem wir uns mit der Energie der Erde verbinden können. Erdung ist wirklich wichtig. So bekunden Tänzer, Musiker, Künstler und Schriftsteller, dass sie durch Erdung mehr Intuition und Kreativität erleben. Sportler, die vor einem Wettkampf für Erdung sorgen, berichten, dass sie über ein besseres Körpergefühl verfügen, mehr Leistung erbringen und weniger Verletzungen haben.

Für das Erdungsritual kannst du in deinem Sacred Place folgende Gegenstände auf deinen Altar oder im Kreis um dich herum legen: eine Blume, einen Ast oder Zweig, eine Wurzel, ein Stück Holz, einen Stein und ebenso Edelsteine, Kristalle, eine Kette oder ein Amulett oder auch ein wenig Erde, Salz, ein paar Samen, Kräuter, Körner, Nüsse, ein Glas Wasser, Saft oder Wein, einen Apfel oder etwas Brot. Essen und Trinken wird bei Ritualen eine große Bedeutung zugesprochen. Ein Ritual erhält dadurch einen feierlichen Charakter und über die Sinne, speziell Geruch und Geschmack, wird ein »Erinnerungsanker« gesetzt. Somit können die dabei erlebten Stimmungen und Gefühle auch im Alltag wieder präsent werden, wenn die Speisen und Getränke erneut verzehrt und getrunken werden.

Wie eine Art Zeugen wohnen deine gewählten Gegenstände deinem Ritual bei. Wenn du ein Haustier hast, kann es ebenfalls anwesend sein, wenn es das möchte. Ich habe die Erfahrung gemacht, dass meine Katzen in dieser energiereichen Stimmung am liebsten mitten im Geschehen sind, besonders dann, wenn ein angenehmer Duft wohlriechender Kräuter oder Räucherwerk im Raum verteilt ist und ruhige Hintergrundmusik läuft.

Setze dich nun hin, und zentriere dich. Um ganz bei dir anzukommen und um dich auf das Ritual einzustimmen, kannst du am Anfang jeweils mit der kurzen Atemmeditation beginnen, so wie ich sie auf S. 32 f. beschrieben habe. Du kannst auch vor jedem Ritual den Sacred Place (s. S. 18 ff.) eröffnen. Besinne dich auf deine Verbindung zur Erde. Spüre deinen Sitz und wie du gerade Mutter Erde berührst. Stelle dir vor, wie tief aus der Erde Wurzeln aufsteigen und sich mit deinem Wurzelchakra verbinden. Dieses Energiezentrum befindet sich am Ende deiner Wirbelsäule, am Damm zwischen den Genitalien und dem Anus. Stelle dir vor, wie die Kraft von Mutter Erde dich über diesen Energiepunkt nährt und mit neuer Energie versorgt. Spüre, wie du von ihr sicher gehalten und getragen wirst. Lasse die Energie so lange fließen, bis sich ein Wohlgefühl in dir ausbreitet. Danke Mutter Erde für eure Verbindung, und male dir aus, wie sich deine Wurzeln wieder zurückziehen, in dem Wissen, dass du mit Mutter Erde verbunden bleibst.

Du kannst dieses Ritual immer wiederholen, wann immer du dich leer, müde, erschöpft oder ausgelaugt fühlst oder wenn du den Wunsch verspürst, dich zu erden. Nutze dann einfach dieses kleine Erdungsritual, um wieder in deine Mitte zurückzukehren. Immer dann, wenn du dich geerdet durch dein Leben bewegst, wirst du sehr wahrscheinlich einen erheblichen Unterschied zu vorher feststellen. Nicht nur, dass du anders mit Situationen und Menschen umgehst, sondern auch andere Menschen werden dir auf neue Art begegnen. Probiere einfach aus, wie es ist, dich mehr zu erden, und beobachte, wie du unmittelbar auf die energiereiche und unterstützende Kraft von Mutter Erde Zugriff bekommst und dich für ihre und deine natürlichen Heilkräfte öffnest.

Der Tanz der Wolfsfrau

Die wilde Frau stärkt unseren Kontakt zur Natur. In dieser Übung kannst du dich mit deinem Körper und deiner Natürlichkeit verbinden und dich bewusst deinem eigenen Rhythmus und deiner Wildheit hingeben. Wenn du den Tanz der Wolfsfrau tanzt, kommst du augenblicklich mit der ungezähmten Urfrau und ihren instinkthaften Eigenschaften in Berührung. Wähle ein Lied mit viel Rhythmus, Naturklängen und Trommeln. Im hemmungslosen Tanz einer wilden Frau entfalten sich Temperament, Ungezähmtheit, Lebendigkeit und Leidenschaft zum Leben und zu sich selbst. Rituelle Tänze sind seit Menschengedenken in vielen Kulturen schon immer ein wichtiger Bestandteil bei Festlichkeiten gewesen, da sie das Gefühl von Einheit stärken. Für viele Völker ist der rituelle Tanz auch ein Weg, mit den Naturkräften in Kontakt zu treten und ihre Verbundenheit und Dankbarkeit zu Mutter Erde zum Ausdruck zu bringen. Während des Tanzes entsteht ein spiritueller Raum, in dem sich energetische Kräfte entwickeln und spürbar werden. Die Füße berühren den Boden, der Geist wird geläutert, der Körper durch die Bewegung aktiviert und die Energie kommt in den Fluss. Somit wird der Tanz zu einem schöpferischen Akt, der dem Tänzer besonders viel Stärke und Energie verleiht. Beim Tanz der Wolfsfrau geht es weder um eine bestimmte Abfolge von Schritten und Bewegungen noch um Schönheit und Eleganz, sondern darum, die Bewegungen des Körpers möglichst frei fließen zu lassen. Wenn du dich der Energie des Tanzes hingibst, dann tue es aus vollem Herzen. Du entfachst dabei das innere Feuer deiner wilden Frau und erreichst einen Zustand, der einer Ekstase gleicht. Nutze den Tanz der Wolfsfrau ganz bewusst, um dein Urvertrauen zu stärken. Erlaube dir, zu den Wurzeln deiner instinktiven Natur zurückzufinden. Tauche tief in die archetypische Kraft deiner wilden Frau ein, und lasse dich von ihr bewegen. Spüre alle Emotionen, die während deines wilden Tanzes in dir entstehen, und lasse sie in deiner Gestik, Mimik und in deinen Bewegungen – von innen nach außen – sichtbar werden. Wenn du wild tanzt, trommelst, dich schüttelst, mit den Füßen auf den Boden stampfst, den natürlichen Bewegungen deines Körpers folgst, deinen Kopf zum Himmel erhebst, laut singst, Silben tonst oder es vielleicht sogar wagst, den »Ruf des Wolfes« nachzuahmen, kannst du deine eigene Lebendigkeit und deine Verbundenheit mit dem Leben in jeder Faser deines Körpers spüren. Lasse dich von der Musik und von deinen Bewegungen in einen inneren spirituellen Prozess tragen, der dir Wandlung und Wachstum schenkt.

Ich spüre die Verbundenheit zu Mutter Erde
und lasse meine Wurzeln tief in sie hineinsinken.

Öffne dich für die Magie der
zweiten **Rauhnacht**

25./26. DEZEMBER

Die Kriegerin

2. Mondmonat: Februar
Astrologisches Tierkreiszeichen: Wassermann
Archetyp: die Kriegerin/die Kämpferin/die Amazone/
die Grenzsetzerin/die Rebellin
Themen: Führung, Selbstbestimmung, innere Stimme, Frieden

ASPEKTE:
Kraft, Entschlossenheit, Energie, Selbstbehauptung,
Durchsetzungskraft, Selbstschutz, Abgrenzung, Mut, Mobilität,
Ernsthaftigkeit, Standfestigkeit, Besonnenheit, Begeisterung,
Konzentration, Geschicklichkeit, Zielstrebigkeit

RITUAL:
Vergebungsritual: Die Wunden der Kriegerin heilen

ÜBUNG:
Grenzen setzen und Nein sagen

Dieser Archetyp aktiviert in uns die Fähigkeit, unseren eigenen Standpunkt einzunehmen und diesen zu vertreten. »Standfestigkeit«, »Durchhaltevermögen« und »Selbstschutz« sind wichtige Aspekte der Kriegerin. Sie kann eigene Stärken und Schwächen sowie die ihres Gegenübers genau einschätzen. Sie kämpft nicht blind gegen etwas, sondern setzt sich mit ihrer Kraft für etwas ein. Ihr Ziel ist immer der Erhalt des Lebens. Sie wehrt, verteidigt, schützt sich und tritt voller Mut anderen gegenüber. Weil die Kriegerin weder schüchtern noch ängstlich ist, trifft sie schnell eine Entscheidung, packt zu und nimmt die Dinge verantwortungsvoll in die Hand.

Viele Frauen haben das Gefühl, dass sie ständig kämpfen müssen, und das tun sie meist auch, indem sie gegen die Männerwelt oder gegen sich selbst angehen, wenn sie nicht mit sich im Einklang sind. Eine Kriegerin weiß, solange sie einen unnötigen Kampf ausficht oder für die falschen Dinge und Menschen kämpft, schwächt sie sich selbst, und letztlich richtet sich diese schädliche Energie gegen ihre eigene Person. Wenn die Kriegerin im Einklang mit allem ist, verfügt sie über zahlreiche Qualitäten wie Aufmerksamkeit, Konzentration, Ernsthaftigkeit, Entschlossenheit und Mut.

Die erwachte Kriegerin besitzt die Fähigkeit, gesunde und angemessene Grenzen zu setzen, um ihr gesetztes Ziel schnellstmöglich zu erreichen, ohne Schaden anzurichten. Sie ist zwar willensstark und handlungsorientiert, jedoch geht es ihr nicht darum, Krieg zu führen, um ihre Wünsche zu erfüllen. Sie kann kämpfen, wenn sie herausgefordert wird, aber sie wägt ab, ob sich der Einsatz lohnt. Weil die Kriegerin ehrenhaft ist, will sie Schwächere schützen und verteidigen. Auch bei Ungerechtigkeiten hat sie das Bedürfnis, sich für das Recht starkzumachen.

Wenn du der Kriegerin in dir begegnest, kannst du Aktivität und Handlungsmöglichkeiten in dir entfalten. Die Kriegerin hilft dir, mit Gefühlen wie Wut, Macht- und Hilflosigkeit besser umzugehen. Sie zeigt dir auf, wann deine persönlichen Grenzen erreicht sind, und so kannst du mit ihrer Hilfe die Fähigkeit entwickeln, dich rechtzeitig abzugrenzen und gut für dich zu sorgen. Du lernst, dich notfalls zu verteidigen, anstatt zu flüchten oder in eine Starre zu verfallen. Durchsetzungskraft, Entschlossenheit und Mut, sind die Eigenschaften, die sie dir verleiht, wenn es gilt, deinen Standpunkt zu vertreten, für dich und andere einzustehen und die Verantwortung für dich und dein Tun zu übernehmen. Weil sie ihre Stärken und Schwächen einzuschätzen vermag, zeigt sie dir, wann es wichtig ist, für eine bestimmte Sache zu kämpfen. Frauen, die schlechte Erfahrungen mit Gewalt und Übergriffen – körperlich wie seelisch – gemacht haben, trauen sich nicht, die Qualität der Kriegerin einzusetzen. Weil sie selbst verletzt oder manipuliert wurden, haben sie davor Angst, auch andere zu verletzten.

Deine innere Kriegerin vermag es, zu erkennen, wann und wo du verletzlich bist, und sie hilft dir dabei, dich angemessen für deine wahren Werte einzusetzen, ohne dich in einem sinnlosen und kräftezehrenden Kampf zu erschöpfen. Sie fordert dich dazu auf, dich auf dein Ziel zu konzentrieren und dich nicht von deinem Weg ablenken zu lassen. Lasse dich nicht von zu vielen Gedanken und Zweifeln am Vorwärtskommen hindern. Die Kriegerin in dir muss nicht automatisch eine Angreiferin oder Kämpferin sein, sie kann auch als Verteidigerin oder Beschützerin auftreten. Sie ruft dich auf, die Folgen deines Handelns eigenverantwortlich und frei von Rechtfertigung und Schuldzuweisung anzunehmen.

Die Kriegerin steht in enger Verbindung mit dem Solarplexuschakra, dem Energiezentrum, das oberhalb des Bauchnabels auf Höhe des Sonnengeflechts liegt. Das Solarplexuschakra, spielt eine wichtige Rolle bei der Entwicklung des eigenen Ichs. In diesem Energiezentrum befinden sich unsere Lebensenergie, unsere Lebensfreude und die Tatkraft, die wir zur Umsetzung unserer Ziele benötigen. Auch das bekannte Bauchgefühl, das unsere Intuition stärkt, liegt in diesem Energiezentrum verborgen. Eine hohe Leistungsfähigkeit und Belastbarkeit spiegelt ein starkes Solarplexuschakra wider. Menschen mit einem gestärkten Solarplexuschakra können das Leben nehmen, wie es kommt, und alle Emotionen akzeptieren und ausleben.

Die Energie des Sonnengeflechts können wir wahrnehmen, wenn uns ein anderer Mensch verbal, nonverbal bzw. energetisch angeht. Feinfühlige Menschen spüren diese emotionalen und energetischen Angriffe wie einen Druck, einen Sog, eine unangenehme Welle oder wie den bekannten Schlag in die Magengrube. Wenn du so etwas kennst, kannst du dich künftig vor solchen Angriffen schützen, indem du einfach deine Arme verschränkst und damit deinen Solarplexus wie auch dein Herz energetisch schützt.

In Indien wird den Kindern sogar beigebracht, ihre Arme zu verschränken, wenn Erwachsene mit ihnen schimpfen. Die Emotionen der Erwachsenen treffen die empfindliche Seele der Kinder dann nicht so hart, und dennoch lernen sie, dass das, was sie getan haben, nicht in Ordnung war.

Das Solarplexuschakra ist nicht nur mit dem Verdauungssystem verbunden, sondern auch mit der seelischen »Verdauung« von emotionalen Erlebnissen. Somit werden emotionale Erinnerungen im Solarplexuschakra gespeichert. Das Wissen um die eigene Kraft sowie Individualität und ein gesunder Selbstwert sind daher von besonderer Wichtigkeit.

Wenn die Kriegerin in uns verletzt ist, dann hat sie Angst vor Zurückweisung und ist empfindlich gegenüber Kritik. Sie fürchtet sich davor, die Kontrolle oder »ihr Gesicht« zu verlieren. Wenn die Kriegerin nicht in ihrer Mitte, in ihrer Kraft ist, dann kann es dazu führen, dass sie keine eigenen Grenzen zu ziehen vermag, ein schlechtes Urteilsvermögen besitzt, falsche Entscheidungen trifft sowie Schwierigkeiten hat, Dinge anzupacken oder sie zu Ende zu führen. Nicht geheilte Emotionen resultieren darin, dass die Kriegerin ein verzerrtes Selbstbild in sich trägt und dass der eigene Selbstwert entweder über- oder unterschätzt wird. Die unerlöste Kriegerin verbirgt ihre Gefühle hinter ihrem Schild, weil sie glaubt, dass es Schwäche bedeutet, ihre wahren Gefühle zu zeigen. Mit ihrem Schwert geht sie völlig kopflos auf andere los, wenn sie sich kritisiert oder ungerecht behandelt fühlt. Schuld und Schamgefühle begleiten sie, solange sie keine Selbstverantwortung übernommen hat. Frustration, Wut, Ablehnung, Rachegefühle, Verbitterung, Hass und Schuld richtet die unerlöste Kriegerin gegen andere, somit aber unbewusst auch gegen sich selbst.

Damit sie keine Verantwortung für ihre Gefühle übernehmen muss, schiebt sie die Schuld auf andere und bemerkt gar nicht, dass sie diese Projektionen immer wieder als Abwehr gegen ihre eigenen Schuldgefühle benutzt. Doch wer die Schuld immer auf andere schiebt, wird sich nicht verändern – und vor allen Dingen sich nicht weiterentwickeln.

Um die eigene Persönlichkeit zu stärken, ist es essenziell, die Grenze zwischen dem eigenen Ich und der Umwelt bewusst wahrzunehmen. Damit es nicht zu Störungen und Blockaden kommt, ist das Aktivieren und Heilen der inneren Kriegerin von zentraler Bedeutung. Gespeicherte Emotionen und Erfahrungen vergangener Lebensphasen, die wir seit der Kindheit und Jugend bis ins Erwachsenenalter in uns tragen, sollten geheilt werden, damit die innere Kriegerin mit allen positiven Anteilen und Aspekten Integration und Ausdruck finden kann. Eine geheilte Kriegerin kann angemessene Grenzen setzen, beschützen, wenn es Schutz bedarf, aktiv voranschreiten und ihre Ziele auf gesunde Art und Weise erreichen. Eine Kriegerin, die bereit ist, ihre Wunden wahrhaftig anzuschauen, macht sich auf die Suche, zu verstehen, warum ihr ein bestimmtes Schicksal widerfahren ist. Sie erkennt, dass Verletzungen auf dem Pfad ihres Lebens für die eigene Entwicklung förderlich gewesen sind, und sie kann sogar einen Sinn dahinter erkennen. Eine geheilte Kriegerin wird eine Kriegerin des Herzens. Wenn sie sich mit der mitfühlenden Liebe der Priesterin und der Kraft einer Heilerin verbindet, wird sie zur wahren Retterin der Menschheit.

Beschäftige dich heute mit den folgenden Fragen:

* Wofür kämpfe ich?
* Wann kämpfe und wann flüchte ich?
* Setze ich angemessene Grenzen?
* Wo sind mehr Grenzen nötig?
* Wo werden meine Grenzen von anderen missachtet?
* Erlaube ich mir, Nein zu sagen?
* Welche Frauen kenne ich, die Kriegerinnenenergie in sich tragen?

Vergebungsritual
Die Wunden der Kriegerin heilen

Für dieses Ritual benötigst du besonders viel Achtsamkeit und ein verantwortungsvolles Bewusstsein in der Ausführung. Da es sehr intensiv sein kann, ist es wichtig, in dem Ritual zuerst eine gute Verbindung zur Erde herzustellen. Stelle hierfür deine Füße hüftbreit nebeneinander auf den Boden. Achte dabei auf deine Haltung. Stehe nicht gekrümmt oder mit hängenden Schultern, sondern mache dich groß, und richte dich auf. Stelle dir dabei deine Wirbelsäule wie eine Kette vor, an der deine Wirbel wie Perlen aufgereiht sind und an dieser Schnur nach oben gezogen werden. Achte darauf, dass deine Schultern und dein Kopf gerade gerichtet sind und dein Brustkorb sich nach vorne öffnet. Schließe nun deine Augen. Stelle dir vor, wie Wurzeln aus Licht aus deinen Fußenergiezentren tief in die Erde wachsen, dich halten und fest verwurzeln. Ganz von selbst suchen die Wurzeln ihren Weg bis zum Kern von Mutter Erde, der aus kraftvoller Energie besteht – pulsierend, warm und rot wie Blut. Nimm diese lebendige Erdenergie durch deine Wurzeln bis in jede Zelle deines Körpers auf, und spüre, wie diese rote Energie dich nährt.

Konzentriere dich nun auf deine Atmung. Beobachte, wie die Luft sanft und wellenartig in deinen Körper ein- und ausströmt. Du brauchst in diesem Moment nichts zu tun, außer zu atmen. Lasse deinen Atem bis in dein Solarplexuschakra fließen. Sei jetzt bereit, die innere Kriegerin willkommen zu heißen. Kannst du sie vor deinem inneren Auge sehen? Wie sieht sie aus? Wie ist ihr Blick? Wie schaut sie dich an? Vielleicht kannst du ihre Wunden und Verletzungen sehen, die sie im Laufe ihres Lebens aus Kämpfen davongetragen hat. Triff die Entscheidung, dass jetzt der Punkt gekommen ist, an dem du deine Rüstung ablegst sowie deinen Schild und dein Schwert fallen lässt. Stelle dir vor, dass alle Waffen, die in Kämpfen des Lebens schon benutzt wurden – seien es bestimmte Worte, Taten, Betrug, Verrat, körperliche oder seelische Gewalt usw. –, endgültig niedergelegt werden. Stelle dir vor, wie du alle Waffen, die du in Kämpfen des Lebens schon benutzt hast, endgültig niederlegst. Erkenne, dass viele Kämpfe unnötig waren und viel Leid und Schmerz mit sich gebracht haben. Wie die Geschichte zeigt, werden Kriege und Kämpfe niemals im Frieden enden – zumindest nicht auf Dauer. Nur die Absicht, deine Wunden der Vergangenheit zu heilen und dich für Frieden einzusetzen, wird dazu führen, dass du keine Waffe mehr in den Händen halten musst. Sobald du Frieden in dir schaffst, kannst du ihn auch in deinem Leben bzw. deiner Umgebung stiften und damit in großen Stücken zum Frieden in der Welt beitragen.

Lasse vor deinem inneren Auge jetzt eine oder mehrere Situationen entstehen, in denen deine Kriegerin beteiligt war oder in denen sie dir auch gefehlt hat. Vielleicht zeigen sich Lebenssituationen, in denen deine Grenzen von anderen nicht geachtet und überschritten worden sind. Oder es zeigen sich Ereignisse, bei denen du selbst die Grenzen anderer Lebewesen missachtet und übertreten hast. Schaue dir diese Situationen wie einen Film an. Wann bist du Opfer, und wann bist du Täter gewesen, und wie fühlt sich die jeweilige Position an? Möglicherweise wirst du erkennen, dass du beides schon gewesen bist und dass sich Täter- und Opferschaft häufig wie in einer andauernden Schleife abwechseln.

Akzeptiere, dass Wunden und Verletzungen zum Leben dazugehören. Achte auf die Empfindungen deines Körpers, und spüre, welche Gefühle dabei in dir aufsteigen. Nimm jedes einzelne Gefühl ganz bewusst wahr. Emotionen und Erfahrungen können integriert werden, wenn wir sie bewusst annehmen, anstatt sie abzulehnen. Erlaube dir, alle Gefühle, die deine verletzte innere Kriegerin erlebt hat, jetzt zu fühlen. Welche Gefühle sind das? Angst, Wut, Rache, Hass, Neid, Gier, Verzweiflung, Enttäuschung, Ohnmacht und/oder Trauer? Erlaube deinem Bewusstsein, ein strahlendes und leuchtendes gelbes Licht in deinem Sonnengeflecht entstehen zu lassen. Spüre die energetische Kraft dieser gelben Farbe, die so warm und wohlig ist wie die Kraft der Sonne.

Lege eine Hand auf dein Sonnengeflecht und die andere auf dein Herz. Lasse die wärmende und Kraft gebende Energie zwischen diesen beiden Punkten hin- und herströmen. Lasse die wärmenden Strahlen sich aus deiner Mitte heraus auch weiter auf deinen gesamten Körper ausbreiten. Nimm jeden Atemzug ganz bewusst wahr. Gib mit jedem Ausatmen alte verbrauchte Energie an Mutter Erde ab, und nimm mit jedem Einatmen neue Energie von Mutter Erde auf. Spüre, wie du mit jedem Atemzug kraftvoller und freier wirst, und genieße diese Erfahrung.

Mache dir jetzt bewusst, dass der beste Schutz gegen Angriffe aller Art ist, keinen Schutz zu haben. Wenn du deine Schattenthemen aufgearbeitet und deine Wunden geheilt hast, wirst du augenblicklich zu einer Kriegerin des Herzens, die weder Waffen noch Schutz bedarf, einfach weil keine Angriffsfläche mehr besteht. Die Kriegerin des Herzens folgt dem Prinzip der Resonanz. Das heißt, sie weiß, dass immer das zu ihr kommt, was sich im Sinne der Polarität in ihr im Ungleichgewicht befindet. Ungelöste Themen und nicht geheilte Emotionen bieten eine Angriffsfläche, z. B. wenn wir uns im Unfrieden befinden. Und wenn wir jemandem noch etwas nachtragen, dann haben wir das nicht losgelassen oder verziehen und sind an dieser Stelle weiterhin angreifbar. Ablehnung erzeugt Widerstände, somit sind Aussöhnung und Vergebung die besten und sichersten Möglichkeiten, Verstrickungen zu lösen.

Mit den folgenden Worten kannst du alle Verletzungen deiner Kriegerin auflösen und die Heilung mit folgender Absicht verstärken:

»Ich bin bereit, alle alten körperlichen, geistigen und seelischen Wunden in mir zu heilen. Ich vergebe mir meine Taten und bitte um Verzeihung, wenn ich anderen Wunden zugefügt habe. Ich übernehme die Verantwortung für meine Täterschaft und erkläre mich frei von Schuld. Und ich vergebe anderen ihre Taten und verzeihe ihnen, dass sie mir Wunden zugefügt haben. Ich übernehme die Verantwortung für meine Opferschaft und bin frei von Ohnmacht. Jetzt löse ich mich bewusst aus allen alten Opfer-Täter-Dynamiken meiner Vergangenheit und gebe mich und andere frei. Ich übernehme jetzt die volle Verantwortung für mich und meine Gedanken, Gefühle, Entscheidungen und Handlungen. Licht reinigt mich – Liebe erfüllt mich – unendliche Kraft durchströmt mich – jederzeit!«

Kehre nach einigen Atemzügen wieder ins Hier und Jetzt zurück, und wisse, dass die einst verletzte Kriegerin in dir nun Heilung erfahren hat und zu einer kraftvollen Kriegerin des Herzens geworden ist. Sie wird dir zur Seite stehen, wann immer du sie brauchst. Bedenke, dass jedes künftige Erlebnis dir erneut die Chance bietet, dich selbst zu erfahren und etwas verständnisvoller, etwas mitfühlender, etwas sanfter, etwas liebevoller und etwas friedlicher zu werden.

Grenzen setzen und Nein sagen

Speziell empathische und hochsensible Menschen können negative Einflüsse intensiv wahrnehmen und dadurch leichter aus der Bahn geworfen werden. Deshalb ist es für sie besonders wichtig, zu lernen, sich energetisch abzugrenzen. Menschen, die keine gute Abgrenzung besitzen, haben oft auch Probleme mit dem Neinsagen. Sie achten meist mehr auf die Bedürfnisse anderer Menschen als auf die eigenen. Doch immer dann, wenn wir Ja sagen und im Grunde Nein meinen, entsteht emotionaler Stress, weil wir nicht unserer inneren Wahrheit folgen. Wir verlieren Energie, weil wir nicht gut genug auf unsere Bedürfnisse, Ressourcen und Kraftreserven achten. Deshalb kann das Nicht-Nein-Sagen uns langfristig überfordern und erschöpfen. Dieser Energieverlust wirkt sich negativ auf unsere Stimmung, unsere Gesundheit und auch auf unsere zwischenmenschlichen Beziehungen aus.

Die innere Kriegerin hilft dir, jederzeit gesunde Grenzen zu setzen und diese auch zu wahren. Sage nicht »Ja«, wenn du »Nein« denkst oder fühlst. Mache dir bewusst, dass du so auf Dauer nicht nur deine Selbstfürsorge, sondern auch deine Selbstachtung aus den Augen verlierst.

Nimm dir jedes Mal, wenn du eine Entscheidung treffen musst, vor, erst einen kurzen Moment innezuhalten, bevor du aus der Gewohnheit heraus automatisch antwortest oder reagierst. Schaue, ob du ein klares Ja oder ein Nein fühlst. Wenn es ein Nein ist, dann erlaube dir, freundlich, aber bestimmt Nein zu sagen. Du wirst sehen, dass gesunde Grenzen äußerst wichtig sind, um dich zu schützen und um gesund zu bleiben.

In Therapiesitzungen habe ich jedoch oft beobachtet, dass meine Klienten, wenn sie zuvor gar keine Abgrenzungsfähigkeit besessen haben und dann Selbstschutztechniken anwenden, erst einmal in das andere Extrem abrutschen und die Abgrenzung so exzessiv betreiben, dass sie kaum noch für andere erreichbar sind. Der Grund dafür sind meist Verletzungen aus der Vergangenheit, die nicht geheilt wurden. Da diese Menschen Angst davor haben, dass sich der Schmerz oder die Enttäuschung wiederholen könnte, wehren sie alles um sich herum ab und wundern sich, dass sie nicht mehr in der Lage sind, sich vertrauensvoll zu öffnen und eine tiefere Bindung zu anderen einzugehen. Ihr Schutzbedürfnis wird dann so groß, dass sie ihre Grenzen resolut setzen und regelrecht eine hohe Mauer aufbauen, hinter der sie sich selbst einsperren und ausgrenzen. Sie wollen sich und ihr Leben schützen – tatsächlich ist es aber so, dass sie sich vor dem Leben schützen bzw. sich vom Leben abschotten. Abgrenzung braucht immer ein Gleichgewicht zwischen Nähe und Distanz, und sie sollte mehr Handlungsfähigkeit ermöglichen und nicht zu einer Einschränkung führen.

Die folgende Übung hilft dir dabei, dich vor Menschen, die dir Energie abziehen – den sogenannten Energieräubern –, zu schützen. Es spielt gar keine Rolle, ob diese Menschen dich bewusst manipulieren wollen oder es unbewusst tun – wichtig ist, dass du das wahrnimmst und entsprechend darauf reagieren kannst.

In dieser Übung erfährst du viel über deine Gefühle und Körperempfindungen in Bezug auf das Neinsagen. Du kannst sie auch regelmäßig wiederholen, da du durch die Übung Mimik, Gestik und deine Stimme regelrecht trainierst und so beim Neinsagen künftig noch bewusster und überzeugender wirkst. Wenn du lernst, bewusst Nein zu sagen, und dich dabei gut fühlst, wirst du aufhören, dich weiter zu erklären, dich zu entschuldigen oder dich gar zu rechtfertigen. Bedenke immer: Ein ehrlich gemeintes und freundlich ausgesprochenes Nein wird meist viel besser akzeptiert, als wir meinen. Und denke daran: Ein Nein zu anderen ist immer ein wertschätzendes Ja zu dir selbst.

Nun zur eigentlichen Übung: Stelle dich vor einen Spiegel, und lasse dich ganz bewusst auf das Neinsagen ein. Lasse dir möglichst viele Arten einfallen, wie du ein Nein aussprechen kannst, z. B. schüchtern, traurig, laut, leise, arrogant, zurückhaltend, dominant, ironisch, freundlich, verärgert, enttäuscht, aggressiv, höflich, energisch, bestimmt, freudig etc. Beobachte deine Emotionen dabei. Wenn du wütend bist, dann brauchst du vielleicht die Wut, die dich fühlen lässt, dass deine persönliche Grenze erreicht ist. Erlaube dir, diese Emotion zuzulassen. Setze neben deiner Stimme auch deine Gestik und Mimik deutlich ein. Versuche im Zuge dessen einmal dein Nein auch mit deiner Körpersprache auszudrücken. Ohne Worte wirst du deutlicher spüren, welcher Emotionstyp du bist und wie gut es dir gelingt, dein Nein nonverbal auszudrücken. Beobachte dich im Spiegel und achte genauestens auf deine Gestik, deine Mimik und den Tonfall deiner Stimme. Spüre nach, welche Körperempfindungen dabei jeweils ausgelöst werden.

Es ist sinnvoll, nach jedem Positionswechsel kurz innezuhalten und ganz bewusst die Haltung, den Gesichtsausdruck oder die dazugehörige Geste wirken zu lassen. Reflektiere im Anschluss über deine Erkenntnisse, und schreibe diese kurz in dein Tagebuch: Mit welcher Emotion, Gestik, Mimik und Stimmlage hast du dich am wohlsten gefühlt und mit welcher am unwohlsten?

Alternativ als Partnerübung:

Wenn du die Übung zusammen mit einer Person machen möchtest, dann frage z. B. eine/-n Freund/-in, den/die Partner/-in oder einen vertrauten Arbeitskollegen, ob er/sie mit dir diese Übung macht. Vereinbart, wer mit dem Neinsagen beginnt. Der Partner schaut aufmerksam zu und sagt nichts. Es geht darum, sich viele Arten einfallen zu lassen, ein Nein auszusprechen – laut, leise, dominant, zurückhaltend, arrogant, eingeschüchtert, ironisch, freundlich, böse etc. Setzt dabei Mimik, Gestik und eure Stimmen deutlich ein. Nach zwei Minuten tauscht ihr die Rollen. Dann probiert der Partner, der zuvor zugeschaut und zugehört hat, zwei Minuten das Neinsagen aus, und der andere beobachtet ihn dabei. Nach Beenden der Übung könnt ihr eure Gedanken und Gefühle austauschen. Sprecht darüber, was euch überzeugt hat, welche Emotion, Gestik und Mimik authentisch, angenehm oder unangenehm wirkte. Das Besondere bei der Übung ist: Beide Partner können Mimik, Gestik und Stimme regelrecht trainieren, um künftig beim Neinsagen überzeugender zu sein und durch Feedback des anderen zu erfahren, wie das wirkt.

Ich bin körperbewusst, unabhängig und mutig.
Ich weiß, wann ich meine Grenzen setzen muss,
um für mich einzustehen.

Öffne dich für die Magie der
dritten Rauhnacht

26./27. DEZEMBER

Die Priesterin

3. Mondmonat: März
Astrologisches Tierkreiszeichen: Fische
Archetyp: die Priesterin/die mitfühlende
Trösterin/die heilige Helferin
Themen: tiefe Gefühle, Herzheilung, Vergebung, Herzöffnung

ASPEKTE:
Mitgefühl, bedingungslose Annahme, bedingungslose Liebe,
göttliche oder universelle Liebe, Vergebung, Versöhnung,
Gottvertrauen, Verheißung, Trost, selbstloses Dienen,
Sinnhaftigkeit des Lebens, Verbindung zu einer höheren Macht,
Schicksal, mystische Intuition

RITUAL:
Herzöffnungsritual: Bedingungslose Liebe im Herzen spüren

ÜBUNG:
Mitfühlende Kommunikation

Dieser Archetyp aktiviert in uns die Fähigkeit zur Hingabe, bedingungslosen Liebe und Akzeptanz. Die Priesterin ist der Archetyp des Mitgefühls. Jeder Mensch, jedes Tier, jede Pflanze und alles, was existiert, ist in irgendeiner Weise emotional verwundbar. Die Priesterin erkennt die Verletzungen anderer und begegnet diesen mitfühlend. Frauen haben durch ihre Emotionalität von Natur aus ein besonderes Gewahrsein für die emotionalen Wunden anderer Menschen. Früher hatten die Priesterinnen die Rolle der heutigen Therapeutinnen inne.

Anders als die Heilerin kümmert die Priesterin sich nicht um das Beseitigen der Krankheit oder der Schmerzen, sondern unterstützt andere darin, sich mit dem eigenen spirituellen Herzen zu verbinden, über das wir die tiefe Weisheit unserer Seele erreichen können. Die Rituale der Heilung lagen in ihren Händen, und sie führte Reinigungen mittels Segnungen und Waschungen durch. Ihre Stärke schöpft die Priesterin aus der Anbindung an eine universelle Kraft oder Gottheiten. Sie besitzt das tiefe Wissen, dass in jedem von uns ein Anteil ist, der unberührt und vollkommen heil ist – und sieht in jedem Menschen den wahren göttlichen Kern. Eine Priesterin ist lebenserfahren und kann andere Menschen unterstützen. Dabei nutzt sie die Verbindung zu anderen und greift auch gern auf Objekte, Symbole, Bilder und Reliquien zurück, um sich zu zentrieren. Priesterinnen verbinden einzelne Menschen und Gruppen, und sie teilen ihr Wissen und ihre Weisheit. In schwierigen Zeiten können sie sich von ihrem gütigen Herzen und ihrer Intuition leiten lassen. Die Priesterin benötigt immer wieder Auszeiten zur Kontemplation und zur Innenschau. Da ihr Hauptziel die Erforschung der Seele ist, sind ihr materielle Bedürfnisse nicht wichtig, dafür aber spirituelle Entwicklung.

Wenn du der Priesterin in dir begegnest, dann weißt und fühlst du, wann es Zeit ist, sich in deinen inneren heiligen Raum zurückzuziehen, um dich wieder an die Quelle allen Lebens anzubinden, aus der du jederzeit Weisheit und bedingungslose Liebe empfangen kannst. Wenn du in die Stille gehst, wird dir gewahr, dass alle Weisheit bereits in dir liegt. Unabhängig davon, wie jung oder alt du bist. Weisheit hat nichts mit dem Alter zu tun, denn Weisheit liegt in deiner göttlichen und weiblichen Natur. Die Priesterin offenbart dir den Zugang zu jener höheren göttlichen Weisheit, die frei von Religion ist. Sie ist empfindlich und sensitiv. Weil sie ihr Herz offen trägt, ist sie auch besonders einfühlsam. Nicht selten fühlen sich andere Menschen in der Nähe einer Frau mit Priesterinnenenergie sehr wohl und suchen besonders ihre Nähe. Vielleicht kennst du das auch? Eine Frau mit Priesterinnenenergie sucht sich Gleichgesinnte und weiß, dass das Zusammensein mit anderen Frauen innerhalb einer Gruppe ihren persönlichen Wandel unterstützt, ihn vorantreibt und ihr Kraft und Schutz bietet, um auf ihrem Weg weitergehen zu können. Sie kann ihre Weisheit teilen und neue dazugewinnen.

Beschäftige dich heute mit den folgenden Fragen:

* Bin ich gern allein oder in Gesellschaft?
* Stärkt oder schwächt mich die Gemeinschaft mit anderen?
* Was gebe ich der Gemeinschaft?
* Teile ich mit anderen meine Spiritualität?
* Kann ich bedingungslos annehmen oder lieben?
* Bin ich für andere eine mitfühlende Trösterin, wenn sie in Not sind?
* Und bei welcher Person suche ich Trost, wenn es mir nicht gut geht?
* Welche Frauen kenne ich noch, die Priesterinnenenergie in sich tragen?

Herzöffnungsritual
Bedingungslose Liebe im Herzen spüren

Die höchste Form der Liebe ist die allumfassende Liebe, und ihr Kennzeichen ist die Bedingungslosigkeit. Bedingungslose Liebe stellt niemals Erwartungen und hegt keine Absichten. Sie kritisiert nicht, beklagt nicht und hat nicht den Anspruch, übermächtig und beeindruckend zu sein. Bedingungslose Liebe entsteht, wenn wir bereit sind, andere in vollem Maße wertzuschätzen und sie so zu akzeptieren, wie sie sind. Wir verändern sie nicht nach eigenem Ermessen oder verbiegen sie nach unserem Idealbild. Wenn du die Priesterin in dir aktivierst, kannst du dich selbst und andere auf bedingungslose Art und Weise lieben und alles so annehmen, wie es ist. Sicherlich handelt es sich hierbei um einen Entwicklungsweg, Schritt für Schritt die bedingungslose Liebe zu erreichen. Beginne in diesem Augenblick damit, und begib dich auf den Weg – nicht morgen oder übermorgen, auch nicht nächste Woche, sondern JETZT! Lerne, dich selbst zu lieben – mit allem, was dazugehört, mit deiner Lebensgeschichte, deiner Vergangenheit, deiner Herkunft, deinen Wurzeln, ja, auch mit deiner Figur, mit deinen Launen, mit deinen Beziehungen, mit allem, was dich ausmacht!

Lege nun die Hand auf dein Herz, und sprich den Satz: »Ich liebe mich selbst, so wie ich bin … bedingungslos … und ich liebe andere, so wie sie sind … bedingungslos.« Dieses Ritual kannst du täglich wiederholen, so lange, bis du diese Liebe in deinem Herzen fühlen und in die Welt bringen kannst.

Mitfühlende Kommunikation

Die Priesterin hilft dir, dein Herz zu öffnen und dein Mitgefühl zu stärken. Lerne, mit dem Herzen zu hören, das bedeutet, besonders mitfühlend bzw. einfühlsam jemandem zuzuhören. Das einfühlsame Zuhören schafft dem Gegenüber den Raum, sich wirklich frei äußern zu können. Es geht darum, einfach für den anderen da zu sein und achtsam zuzuhören, ohne eine Position einzunehmen oder ein Urteil über das Gesagte zu fällen. Wenn du achtsam und mitfühlend kommunizierst, dann brauchst du keine Lösungsansätze oder deine eigene Meinung einzubringen. Du nimmst ausschließlich die Gedanken und Gefühle des anderen wahr und nimmst sie so an, wie sie gegenwärtig sind. Nur wenn du um deine Meinung oder um einen Lösungsvorschlag gefragt wirst, kannst du diese äußern. Schaffe ansonsten einen geschützten Kommunikationsraum, ganz frei von Bewertungen und Urteilen, in dem dein Gegenüber sagen kann, was er/sie gegenwärtig denkt und fühlt, ohne es zu kommentieren. Frage dich: »Kann ich anderen mit offenem Herzen zuhören?« und »Wann habe ich das letzte Mal jemandem wirklich mit offenem Herzen zugehört?« Übe dich jeden Tag darin, noch mehr mit dem Herzen zuzuhören. Achtsam miteinander zu kommunizieren kann in jeder Beziehung stattfinden. Und das Schöne daran ist, wenn du anderen einfühlsamer zuhörst, wirst du im weiteren Gesprächsverlauf schnell merken, dass auch dir viel mitfühlender zugehört wird. Es lohnt sich, denn es macht beide Seiten glücklicher.

Ich fühle die Güte und bedingungslose Liebe in meinem Herzen und lasse sie zu allen Wesen fließen, einschließlich meiner selbst!

Die Mutter

4. Mondmonat: April
Astrologisches Tierkreiszeichen: Widder
Archetyp: die Mütterliche/die Hüterin/die Urmutter/
die Große Mutter/die Muttergöttin
Themen: Lebenskraft, Geben, Blockaden lösen

ASPEKTE:
Güte, Liebe, Fürsorge, Sicherheit, Geborgenheit, Unterstützung,
Natürlichkeit, Geben, Nähren, Rhythmus, Wachstum, Loslassen,
Fruchtbarkeit, Zyklen, mütterliches Idealbild

RITUAL:
Ahnenritual: Den weiblichen Vorfahren danken

ÜBUNG:
Sich um das Wohl eines Kindes kümmern

Der Mutter-Archetyp steht für Fruchtbarkeit und Schutz und repräsentiert den Aspekt des Schöpferischen. Aus der Mutter geht Leben hervor, gleichzeitig verbirgt sich dahinter aber auch die dunkle Seite des Todes, denn eine Geburt kann auch mit dem Tod enden – für die Mutter wie für das Kind. Die Mutter steht sinnbildlich für die Große Mutter, die Muttergöttin, die Hüterin oder die Urmutter. Aspekte, die das Mütterliche kennzeichnen, sind Güte, Fürsorge, Wachstum und Fruchtbarkeit. Die Mutter trägt die Energie einer nährenden, umsorgenden, schützenden und Geborgenheit spendenden Frau.

In der analytischen Psychologie C. G. Jungs ist die Mutter eine der wichtigsten und bedeutsamsten Archetypen. Und wahrscheinlich löst diese Figur speziell bei Frauen so viele Emotionen aus wie kaum ein anderer Archetyp. Denn auf Grundlage dessen, wie eine Frau ihre Mutter während der Kindheit erlebt, entsteht in ihr ein Bild von Mütterlichkeit, das auch sie und ihre eigene Mutterrolle im großen Maße prägt.

In Märchen und Sagen stehen Feen, Wasserfrauen, Nixen und Meerjungfrauen für das Mutterurbild. Auf einer alltäglichen Ebene erscheint uns die Mutter als leibliche Mutter, Stiefmutter, Adoptivmutter oder Schwiegermutter. In früheren Zeiten verkörperten auch Kinderfrauen, Ammen sowie Frauen mit mütterlichen Attributen, die sich um das Wohl eines oder mehrerer Kinder kümmerten, Mutterfiguren.

Im Leben einer Frau wird das Thema »Mutter« immer wieder präsent sein, da sie jeden Monat, um die Zeit des Eisprungs herum, eine »mütterliche Phase« durchläuft. In dieser Zyklusphase ist sie besonders kraftvoll und kümmert sich mehr um das Wohl der anderen als um ihr eigenes. Eine Frau mit einem starken Mutter-Archetyp sehnt sich danach, Mutter zu sein. Doch ob eine Frau tatsächlich die Mutterschaft erlebt oder nicht, spielt für das Gefühl und die Sehnsucht, Mutter zu sein keine Rolle. Mutterschaft bedeutet, sich auf die Attribute von Wärme, Fürsorge, Geduld, Vertrauen und Liebe einzulassen. Das kann die Liebe zu eigenen Kindern oder zu anderen sein, aber auch die zu »geistigen« Kindern wie Projekte aus Arbeit und Kunst. Auch wenn eine Frau zeitlebens keine physische Mutterschaft erlangt, kann sie im Archetyp der Mutter zu Hause sein. So können Aspekte der Mütterlichkeit ebenso ausgelebt werden, wenn man Erzieherin oder Lehrerin ist oder wenn man einem Kind hilft, das eigene Selbst zu stärken, Talente zu entdecken und man seine Fähigkeiten fördert, damit es in ein selbstbestimmtes Leben starten kann. Das Urbild zeigt sich auch in einer Frau, die sich um ein Haustier wie um ein Kind kümmert, es zu sich nimmt, es aufzieht und ihm täglich Liebe, Aufmerksamkeit und Geborgenheit schenkt. Ebenfalls kann eine Frau ihre Mutterrolle leben, indem sie Erfüllung im Pflegen und Nähren findet, z. B., indem sie Freude daran hat, eine Mahlzeit für Familie und Gäste zuzubereiten und sich beharrlich um das Wohlergehen anderer zu sorgen. Der Mutter-Archetyp zeichnet sich durch Großzügigkeit und die Fähigkeit, verzichten zu können, aus.

Die Mutter – einer der bedeutsamsten Archetypen für Frauen

Da der Mutter-Archetyp eine besonders große Rolle für Frauen spielt, möchte ich diesem Kapitel und damit diesem Archetyp mehr Raum geben. In der Arbeit mit Frauen wird immer wieder deutlich, dass das Wort »Mutter« bei diesen unterschiedliche emotionale Reaktionen auslöst – von Zuflucht über Geborgenheit, Unterstützung, liebevolle Fürsorge, Enttäuschung, Wut, Schuldgefühlen bis hin zu Traurigkeit. Kinder erfahren durch Frauen mit starkem Mutter-Archetypus das positive Weibliche, z. B. Schutz, Versorgung, Zuwendung und Wärme. Doch es gibt auch den negativ geprägten Muttertypus. In diesem Fall fühlen sich Kinder durch den geschwächten Mutter-Archetypus verstoßen, alleingelassen und missachtet. Zudem haben sie das Gefühl, dass ihnen Liebe und Zuwendung vorenthalten wird und dass sie die nötige Aufmerksamkeit, die sie sich von der Mutter wünschen, schmerzlich entbehren müssen. Da auch das Erhalten elementar im Mutter-Typus enthalten ist, kann daraus das ungesunde Bestreben der Mutter entstehen, alles aus ihr Erschaffene festzuhalten. Somit sind Aspekte wie Loslassen, Freilassen und Gewährenlassen ebenso von zentraler Bedeutung bei der Mutterschaft.

Wenn du der Mutter in dir begegnest, dann kannst du dich mit vielen zentralen Themen, die das Frausein betreffen, beschäftigen. Und das unabhängig davon, ob du eine Mutter bist oder nicht. Es geht um die Auseinandersetzung mit den mütterlichen Aspekten, die jeder Frau innewohnen. Eine Frau kann das große Mysterium des Gebärens erleben, das sie auf immer wandeln wird. Gebären heißt, etwas zu empfangen, es auf die Welt zu bringen, aber vor allem bedeutet es auch Hingabe, Wachsen, Reifen, Gedeihen und Geschehenlassen! In der Zeit der Schwangerschaft kann sie ihre Kräfte sammeln, denn wenn das Kind auf die Welt kommt, beginnt die intensive Zeit der Fürsorge und des Gebens. Eine Mutter kann ihre eigenen Bedürfnisse vollkommen zurückstellen, und im Extremfall wird sie zur Beschützerin und Bewahrerin und geht für das Leben ihres Kindes bis an ihre eigenen Grenzen, auch dann, wenn sie selbst gefährdet ist. Während der Geburt des Kindes lernt sie, dass das Muttersein erfordert, sich vollkommen dem Prozess hinzugeben, der Natur und sich selbst zu vertrauen und die Bereitschaft zu entwickeln, das Kind loszulassen. Genauso verhält es sich mit »geistigen« Kindern wie Projekten. Was brauchen sie noch, und wann sind sie reif und können losgelassen werden? Mutterschaft ist von einer großen Ambivalenz geprägt, denn so, wie die Mutter Leben zu schenken und zu bewahren vermag, hat sie auf der anderen Seite auch die machtvolle Position, über das Leben zu entscheiden. Sie kann es verhindern oder gar vernichten.
Du kannst dich in dieser Rauhnacht mit folgenden Fragen beschäftigen: Kümmerst du dich ausreichend um deine »geistigen« Kinder (Projekte), oder bringst du etwas auf die Welt und lässt es dann verhungern? Und kannst du das, was du in die Welt gebierst, zum richtigen Zeitpunkt freigeben? Oder verhinderst du unbewusst die Verbreitung, da du die Kon-

trolle behalten willst und erst zufrieden bist und loslassen kannst, wenn in deinen Augen alles vollkommen perfekt erscheint? Bedenke: Perfekte Kinder gibt es ebenso wenig wie perfekte Mütter! Kinder lernen durch Menschlichkeit und Fehlbarkeit der Mutter und können daraus ihre Abgrenzungskraft und Eigenverantwortung entwickeln. Für Frauen ist die Auseinandersetzung mit dem Urbild der Mutter von besonderer Bedeutung. Wir können eine oder mehrere Beziehungen zum Mutter-Typus pflegen; es muss nicht immer die eigene leibliche Mutter sein, es gibt auch die geistige Mutterschaft, oder wir fühlen uns emotional zu einer mutterähnlichen Frau hingezogen und finden dort, was uns unsere eigene Mutter nicht geben konnte.

Beschäftige dich heute mit den folgenden Fragen:

* Was brauche ich, um gut für mich zu sorgen?
* Was tut mir gut, und womit kann ich mich nähren?
* Wann habe ich mich das letzte Mal um mich selbst gekümmert?
* Welche ungestillten Bedürfnisse und Sehnsüchte in Bezug auf Mutterschaft trage ich in mir?
* Welche Frauen kenne ich, die Mütterlichkeit in sich tragen?

Wichtig und interessant ist auch, dich damit auseinanderzusetzen, bei welchem Muttertyp du aufgewachsen bist. Wenn es eine Mutter war, bei der du dich gesehen, verstanden, wertgeschätzt und geliebt gefühlt hast und bei der du dich frei entfalten konntest, dann bist du in der »Mutterfülle«. Oder du hast einen »Muttermangel« erlebt, sprich, deine Mutter war sehr mit sich selbst und ihren Bedürfnissen beschäftigt, hat dir nicht die Aufmerksamkeit, das Verständnis und jene wohlwollende Liebe zukommen lassen, die du gebraucht hättest.

Trage ich noch eine »Mutterwunde« in mir?
Welcher Typ war meine Mutter?
Bin ich in der »Mutterfülle«
oder im »Muttermangel« aufgewachsen?

Was für Gefühle oder auch Glaubenssätze sind möglicherweise für dich in Bezug auf Mutterschaft entstanden? Vielleicht solche wie: »Ich werde niemals Kinder bekommen!« oder »Ich will nie so werden wie meine Mutter!« Willst du Mutter sein, und kannst du es genießen? Ist es anstrengend? Oder vermeidest du es sogar, Mutter zu sein oder zu werden? Wie geht es dir mit deiner eigenen Mutter? Gibt es noch etwas zwischen dir als Tochter und deiner Mutter, was es auszusöhnen gilt? Es ist nicht selten, dass eine Frau unbewusst ihr eigenes Kind so empfängt, wie sie selbst von der eigenen Mutter auf die Welt gebracht wurde. Es wiederholen sich ähnliche Schwangerschaftsverläufe oder Geburten.

Ich kenne einige Fälle aus meiner Klientenarbeit, die das Phänomen widerspiegeln. So haben manche Frauen Ablehnung durch ihre Mutter erfahren und geben diese später dann an ihr eigenes Kind weiter. Andere wiederum konnten ihren Platz in der Welt nicht finden, weil sie sich selbst abgelehnt haben – das kann sogar darin gipfeln, dass sie das tragische Gefühl haben, kein Recht auf Leben zu besitzen oder Todessehnsucht haben. Auf den konkreten Fall in meiner Arbeit bezogen kam nach einem Gespräch mit der Mutter einer Klientin heraus, dass sie während der ersten Schwangerschaftswochen über eine Abtreibung nachgedacht hatte. Eine andere Mutter hatte einen lebensbedrohlichen Unfall und eine andere unternahm einen Suizidversuch während der Schwangerschaft. Die Gefühle der Mutter haben sich auf das Kind übertragen.

Nur wenn einer Frau der eigene »Muttermangel« bewusst ist und sie sich mit dem Schmerz der eigenen »Mutterwunde« auseinandergesetzt und ihn aufgelöst hat, vermag sie eine andere Entscheidung zu treffen und kann sich bewusst anders verhalten als ihre eigene Mutter. Sie ist dann dazu in der Lage, dem Kind all das zu geben, was sie selbst entbehren musste. Somit ist das eigene Kind ein großes Geschenk, denn es gibt der Frau die Chance, eine Mutter zu werden. Somit kann eine Frau, die einen »Muttermangel« erlebt und geheilt hat, selbst eine gute und kraftvolle Mutter werden, weil sie sich ihre »Mutterwunde« bewusst gemacht hat und ihre eigene emotionale und seelische Verletzung, ohne es zu wollen und zu wissen, nicht mehr an die eigenen Kinder weitergeben wird. Keine Frau muss das Mutterbild, das durch eigene Erfahrungen in der Kindheit entstanden ist, weitertragen und so handeln, wie die eigene Mutter.

Ahnenritual
Den weiblichen Vorfahren danken

Heute geht es um die Mütterlichkeit in deiner weiblichen Ahnenlinie. Entzünde zu Beginn eine oder mehrere Kerzen für deine Ahninnen und weiblichen Verwandten. Es ist egal, ob diese noch leben oder schon verstorben sind. Die Ahnengeister sind uns während der Rauhnächte ohnehin besonders nah.

Schließe nun deine Augen, und stelle dir alle Frauen aus deiner Ahnenlinie vor. Beginne mit deiner Mutter, deinen Großmüttern und deinen Urgroßmüttern – auch wenn du sie nicht persönlich kennengelernt hast. Stelle sie dir vor deinem geistigen Auge vor. Sieh und spüre, wie alle Frauen aus deiner mütterlichen Ahnenlinie nun zu deiner Linken vor dir stehen. Schaue jede einzelne Frau an: deine Mutter, deine Großmütter und Urgroßmütter. Sieh dahinter noch Vorfahren … mögliche Schwestern, Tanten, Großtanten, deine Cousinen und viele weitere Frauen, die in deiner Ahnenreihe ihren Platz haben. Es spielt dabei auch keine Rolle, ob du ihre Namen oder Gesichter kennst oder nicht. Heiße alle Frauen, die vor dir gelebt haben, jetzt in deinem Herzen willkommen. Spüre, wie das Leben durch diese mütterliche Linie zu dir geflossen ist. Lasse die kraftvolle

Energie aller Ahninnen zu dir strömen. Fühle die Verbundenheit, und sei dir bewusst, dass alle Frauen deiner Ahnenlinie auch die Ahninnen anderer Frauen sind. Wir alle sind Schwestern und entstammen der einen Großen Mutter, der Urmutter, der Muttergöttin, deren Existenz ebenso die Natur ist. Wenn du also Heilung in deine Ahnenlinie einlädst, bringst du auf energetischer Ebene viel Heilung in die Welt. Bitte nun die große Urmutter darum, dass sie Liebe, Licht und Heilung in deine weibliche Ahnenreihe fließen lässt. Erlaube, dass alle schädlichen Muster und Prägungen aus deinen Zellerinnerungen und denen deiner Ahnen geheilt werden dürfen. Stelle dir vor, wie alle deine alten und schmerzlichen Erfahrungen, und auch die Traumata deiner Vorfahren, sanft und nachhaltig geheilt werden. Bitte die Urmutter darum, dass die reine Liebe und der Frieden für dich und deine Ahninnen jetzt wiederhergestellt werden. Erlaube der göttlich weiblichen Energie, angefangen bei der Urmutter durch alle deine weiblichen Vorfahren bis hin zu dir fließen zu lassen. Spüre, wie sich dein Herz in Liebe und Dankbarkeit öffnet, um alle Frauen, die vor dir gelebt haben, zu ehren und sie gedanklich zu umarmen. Wenn du magst, darfst du deine Dankbarkeit auch in Worte fassen, indem du eine Affirmation oder ein Gebet wie dieses sprichst:

»Liebe Mütter, Großmütter, Urgroßmütter und liebe Große Mutter, ich danke euch, dass mein Leben durch euch zu mir gekommen ist. Ich danke für eure Weisheit und schaue voller Achtung auf alle eure Erfahrungen. Ich danke euch für mein Sein. Ich achte und wertschätze mein Leben sowie meine Fähigkeiten und Talente. Ich gebe euch Frauen meiner Ahnenlinie nun einen Platz in meinem Herzen, der euch zusteht. Ihr seid immer bei mir und unterstützt und nährt mich mit eurer Kraft.«

Beende diese Übung, wenn du ein Gefühl von Wärme, Verbundenheit, Liebe oder auch von Dankbarkeit in deinem Herzen wahrnehmen kannst. Richte deine Aufmerksamkeit wieder auf deinen Körper. Atme einmal oder mehrmals tief ein und aus, bewege deine Hände und Arme, deine Beine und Füße, und öffne langsam deine Augen. Lasse zum Abschluss, wenn du möchtest, ein Lächeln auf deinem Gesicht entstehen, während du dein Bewusstsein wieder vollständig ins Hier und Jetzt bringst.

Anmerkung: Wenn du möchtest, kannst du dieselbe Übung auch mit allen Frauen deiner väterlichen Ahnenreihe wiederholen. Stelle dir dabei vor, wie diese Frauen, zu deiner Rechten vor dir stehen, und führe das Ritual wie beschrieben durch.

ÜBUNG

Sich um das Wohl eines Kindes kümmern

Setze dich doch einmal bewusst mit dem Archetyp der Mutter auseinander, und komme in Kontakt mit dem wundervollen Gefühl der Mütterlichkeit in dir. Auch bei dieser Übung ist es nicht von Bedeutung, ob du Mutter eines eigenen Kindes bist oder nicht. Du darfst dich heute mit allen positiven Aspekten der Mutterschaft auseinandersetzen.
Sei einmal ganz bewusst eine mütterliche Frau. Sei eine fürsorgliche und liebevolle Lebensspenderin. Sei dabei selbstlos, und bleibe ganz im Geben. Du kannst dich z. B. um ein Kind kümmern oder etwas mit ihm unternehmen. Es geht darum, wirklich präsent bei und mit dem Kind zu sein, es wahrzunehmen und anzunehmen, wie es ist sowie ihm ein Gefühl von Wichtigkeit und Verständnis zu vermitteln. Du kannst mit dem Kind z. B. spazieren gehen, mit ihm Hausaufgaben machen, es beim Lernen unterstützen, mit ihm spielen, mit ihm etwas kochen oder backen und anschließend die verbrachte Zeit gemeinsam genießen. Da bis zum 6. Januar, also bis zu dem Zeitpunkt, wenn in vielen Haushalten der

Weihnachtsbaum abgeschmückt wird, Weihnachtszeit ist, kannst du ihm auch ein Weihnachtsmärchen vorlesen oder ihm die Lieblingsgeschichte aus deiner Kindheit erzählen. Vielleicht möchtet ihr auch zusammen einen Film ansehen und dazu Popcorn oder Kekse knabbern. Wichtig ist, dass du diese fürsorgliche, sich kümmernde und liebevolle Energie gibst und dem Kind ein Gefühl von absoluter Zuwendung und Geborgenheit schenkst. Achte dabei auf die Grenzen des Kindes, und gib immer nur so viel Nähe, wie sie sich das Kind wünscht und zulässt. Das Kind sollte sich sicher fühlen und Freude dabei empfinden, Zeit mit dir zu verbringen.

Ich spüre die Kraft aller meiner weiblichen Vorfahren und gib sie dankbar zum Wohle aller Frauen weiter!

Die Weggefährtin

5. Mondmonat: Mai
Astrologisches Tierkreiszeichen: Stier
Archetyp: die Freundin/die Seelenschwester/die Verbündete/
die Vertraute/die Kameradin
Themen: Beziehungen würdigen, Freundschaften pflegen

ASPEKTE:
Vertrauen, Respekt, Loyalität, Verständnis, Begegnung, Beziehung,
Augenhöhe, Freundschaft, Schwesternschaft, Seelenverbindung,
intuitive Verständigung

RITUAL:
Bündnisritual: Die Freundschaft stärken

ÜBUNG:
Die gute Weggefährtin

Dieser Archetyp zeichnet sich durch Ehrlichkeit, Loyalität, Vertrauen, Verständnis und Wohlwollen aus. Eine Weggefährtin ist eine gute Freundin, eine Verbündete, eine Schwester auf Seelenebene. Weil sie ihre eigene Weiblichkeit wertschätzt, geht sie gern Freundschaften mit Frauen ein, und sie weiß sie zu schätzen und zu pflegen.

Wenn sich Weggefährtinnen gefunden haben, dann teilen sie ihre Erkenntnisse und Erfahrungen und genießen ihr Zusammensein. Sie begleiten sich in guten wie in schlechten Zeiten, stehen sich in schwierigen Situationen zur Seite und geben einander Rückhalt. Die Weggefährtin ist wie eine Verbündete, die aufrichtig ist und den Mut besitzt, ihre Meinung ehrlich zu äußern. Sie hat stets ein offenes Ohr und steht mit Rat und Tat zur Seite, egal, was kommt.

Eine Weggefährtin kann in verschiedenen Rollen in unser Leben treten, beispielsweise als wichtige Kameradin auf Zeit, als Begleiterin innerhalb einer bestimmten Lebensphase oder als beste Freundin, die lebenslang an unserer Seite bleibt. Gemeinsamkeiten, ähnliche Interessen oder ein Hobby können Frauen zu Weggefährtinnen werden lassen. Es gibt Zweckfreundschaften, die vordergründig ein bestimmtes Ziel verfolgen und dazu dienen, sich gegenseitig zu motivieren oder zu unterstützen. Das können beispielsweise Mütter mit Kindern sein, die manchmal so lange befreundet sind, bis die Kinder groß sind. Das gleiche Phänomen zeigt sich auch bei Frauen mit Pferden, die innerhalb der Stallgemeinschaft zueinanderfinden, eine Freundschaft aufbauen und gegenseitig die Tiere versorgen.

Eine Verbündete, eine vertraute Kameradin und Seelenschwester ist immer eine anerkennende und wohlwollende Frau, die alle Vorzüge hat, die eine wahre Freundschaft ausmacht. Sie ist da, wenn man Hilfe benötigt, mit ihr kann man durch dick und dünn gehen, lachen und weinen, Spaß haben, aber auch über Probleme sprechen. Sie hat das gewisse Gespür, ist intuitiv und achtsam, was die Freundschaft betrifft, denn sie kann zwischen den Zeilen lesen. Ohne viele Worte versteht sie, was die Freundin gerade fühlt. Eine Weggefährtin ist voller Respekt und Wertschätzung für ihre Beziehungen und Freundschaften und versucht, sich niemals selbst größer und andere kleiner zu machen, niemandem ihre Meinung aufzuzwingen oder ihre persönlichen Ziele auf Kosten anderer durchzusetzen. Besserwisserei und Machtgefälle sind ihr fremd, denn ihr ist eine Freundschaft auf Augenhöhe wichtig, in der jeder seinen angemessenen Platz hat und sich frei entfalten kann. Freundschaft ist wie Reichtum, sie ist leichter zu schaffen, als zu erhalten.

Wenn du der Weggefährtin in dir begegnest, kannst du dich mit deinen Beziehungen zu anderen Frauen auseinandersetzen. In unserer stark männerdominierten Gesellschaft sehnen sich immer mehr Frauen nach ihresgleichen. Somit gewinnt wahre Schwesternschaft immer mehr an Bedeutung. Viele Frauen wünschen sich eine wahre Freundin, der sie blind vertrauen können, mit der sie Freud und Leid teilen können.

In meinen Frauenseminaren und Heilkreisen spüren wir immer, wie wundervoll es ist, mit gleichgesinnten Frauen einen kraftvollen und geschützten Raum zu erschaffen, in dem wir alle gemeinsam das Frausein genießen und feiern können.

Wenn wir uns in eine Gruppe begeben und unsere Energien miteinander teilen, wird nicht nur die Gruppenenergie insgesamt stärker, sondern auch das eigene Energielevel automatisch angehoben. Die Kraft potenziert sich um ein Vielfaches, was zur Folge hat, dass jede einzelne Frau mehr Heilung erfahren kann. Gemeinsam können wir eine intensivere Meditationstiefe erreichen und noch achtsamer und präsenter sein – auch unserer Weiblichkeit gegenüber. Wir spüren deutlich den Gewinn, der in der Schwesternschaft liegt sowie die Kraft der Liebe, wenn wir zusammen sind und Erfahrungen und Erkenntnisse teilen. Es stärkt die Verbundenheit, Hingabe und unseren göttlichen weiblichen Kern. Wenn du schon einmal an einem speziellen Frauenseminar teilgenommen hast, bei dem du dich wirklich unterstützt und im Kreis der Frauen sicher und getragen gefühlt hast, dann wirst du erfahren haben, was wahre Schwesternschaft bedeutet.

Frauen, die eine Verbindung zu anderen Frauen suchen, nutzen den Erfahrungsraum, um sich selbst im Schutz der Gruppe auszuprobieren. Sie schätzen dabei nicht nur den geistigen Austausch, sondern genießen auch körperliche Nähe und Zuwendung.

Beschäftige dich heute mit den folgenden Fragen:

* Was können mir andere Frauen geben?
* Was kann ich von anderen Frauen lernen?
* Suche ich die Nähe zu Frauen?
* Warum fühle ich mich im Kreise von Frauen wohl/unwohl?
* Kann ich Nähe zu anderen Frauen zulassen oder gar genießen?
* Wodurch biete ich Frauen meine Freundschaft an?
* Behandle ich meine Freunde so, wie ich auch selbst behandelt werden möchte?
* Welche Frauen kenne ich, die Weggefährtinnen sind?

Bündnisritual

Die Freundschaft stärken

Wertschätzender, wohlwollender und liebevoller Umgang sind seelische Grundnahrungsmittel für eine gute Beziehung. Wenn du eine Freundschaft festigen oder auch aktivieren möchtest, dann kannst du das ganz einfach tun, indem du diesem Menschen deine Wertschätzung und Dankbarkeit entgegenbringst. Das kannst du persönlich tun, aber auch in einem Ritual, ohne dass die Person anwesend ist. Du brauchst dazu: mehrere Zettel (abhängig von der Anzahl deiner Freunde, die du in diesem Ritual ansprechen möchtest), einen Stift, Räucherwerk, eine Kerze sowie eine Glocke oder einen Gong. Entzünde eine Kerze und Räucherwerk, und wenn du magst, kannst du dieses Ritual auch mit dem Klang der Glocke oder des Gongs beginnen und beenden. Schreibe die Namen deiner Freundinnen und Freunde, die du ehren möchtest, auf die Zettel, und verteile diese z. B. im Kreis um dich herum. Dann lege deine rechte Hand auf dein Herz. Atme 3 Mal tief ein und aus. Schließe deine Augen, und stelle dir deine Freunde nacheinander vor. Sage dann 3 Mal: »Ich danke euch, dass ihr für mich da seid. Ich bin froh, in eurer Mitte aufgehoben zu sein.« Du kannst natürlich auch deine eigenen Worte finden oder die Sätze noch um Segenswünsche ergänzen, z. B. »Mögest du allzeit beschützt sein.« oder »Mögest du sicher, getragen, gesund … sein.« Beende das Ritual, wenn du allen Freunden deine Wertschätzung und Segenswünsche entgegengebracht hast.

Wenn du dieses Ritual lieber gemeinsam mit deinen Freunden durchführen möchtest, dann lade die entsprechenden Personen, die dir am Herzen liegen, ein, und bringe ihnen Wertschätzung entgegen, indem du ihnen zeigst, dass sie dir wichtig sind. Eine Variante des Rituals kannst du ebenso mit deiner Freundin/deinem Freund durchführen oder auch mit deinem Freundeskreis. Die folgende Übung beschreibt, wie das ablaufen könnte.

Variante als Partnerritual:
Redestab- oder Redesteinzeremonie

Im Zusammenleben mit unseren Mitmenschen vergessen wir oft, dass unser Leben eines Tages endet, und wir wissen nicht, wann dies geschieht. Deshalb sollten wir öfter den Menschen, die wir mögen und lieben, sagen, dass sie einen besonderen Stellenwert in unserem Leben haben, dass sie für uns wichtig sind und warum wir sie lieben. Auch ergreifen wir leider viel zu selten die Chance, jemanden einfach einmal zu loben und ihm unsere Anerkennung auszusprechen. Wie oft fühlst du Begeisterung oder gar Bewunderung für eine Person, für ihre Arbeit oder Ideen, aber denkst das nur, anstatt es auszusprechen? Auch ein einfaches, aber ehrlich gemeintes Danke wirkt Wunder und verändert die Haltung und Stimmung unseres Gegenübers. Das muss nicht immer ein/-e Freund/-in sein, sondern kann auch ein Kollege, Nachbar oder auch der Chef (der wahrscheinlich am wenigsten Lob bekommt) sein.

Heute am Tag der Gefährtinnen wählst du eine Freundin oder einen Freund aus oder auch mehrere. Es geht dabei um alle Menschen, zu denen du eine Freundschaft pflegst oder für die du auch diese Weggefährtin, Verbündete, Kameradin oder Seelenschwester bist. Interessant bei dieser Übung ist die Erfahrung, nicht nur Lob zu schenken, sondern auch Lob zu erhalten. Viele Menschen können anderen Anerkennung zollen, aber selbst nur schwer annehmen. Im Mittelpunkt zu stehen empfinden sie als unangenehm, oder sie denken, dass zu viel Lob arrogant macht.

Für dieses Partnerritual benötigst du: eine Kerze, Räucherwerk, einen Redestein/Redestab.

Setzt euch bequem gegenüber. Wenn du das Ritual mit mehreren Personen durchführen möchtest, dann bildet einen Kreis. Beginnt euer Ritual mit einer Räucherung, und entzündet eine Kerze mit der Absicht, eure freundschaftliche Verbundenheit zu ehren.

Beschließt nun, wer zu sprechen beginnt. Diese Person erhält den Redestab oder den Redestein als Symbol, dass sie allein das Wort hat und über alles sprechen darf, was ihr Herz sagen möchte. Alle anderen versuchen, sich in achtsamer Präsenz zu üben. Sie hören nur aufmerksam zu. Es wird nichts kommentiert oder bewertet. Es gilt nur, den energetischen Raum aufrechtzuerhalten, dass die Sprechende alles loswerden darf und dass alle Gedanken und Gefühle wertfrei angenommen werden, so wie sie sind.

Wenn die Sprechende* fertig ist, wird der Redestab/Redestein weitergegeben. Nach einem Moment der Stille (1–3 Minuten Pause) kann dann die nächste Frau zu sprechen beginnen.

In einer zweiten Runde können sich die Weggefährtinnen dann gegenseitig ehren. Lasst dazu wie in der ersten Runde den Redestab/Redestein herumgehen. Jede Frau kann positive Eigenschaften und Dinge aufzählen, die sie persönlich an den anderen Frauen besonders mag, liebt und wertschätzt. Sie kann auch von einem Erlebnis erzählen, das sie mit der jeweiligen Freundin erlebt hat und das die Verbindung besonders geprägt hat. Alle anderen üben sich wieder im achtsamen Zuhören und dürfen der Frau, die spricht, Aufmerksamkeit schenken. Lasst euch dabei von eurem Herz und nicht vom Kopf leiten.

Das Ritual kann mit dem Gong beendet werden. Besonders schön ist es auch, den anderen eine liebevolle Geste, eine Umarmung, einen Kuss oder eine andere Berührung zu schenken.

* Der Einfachheit halber ist in diesem Ritual nur von »Frauen« die Rede. Selbstverständlich können aber, wie im Einleitungstext schon angemerkt, auch Männer teilnehmen.

Die gute Weggefährtin

Stelle dir vor, du bewirbst dich nicht um einen Job, sondern um eine Freundschaft. Sammle Eigenschaften und Aspekte, die zeigen, warum du eine gute Freundin bist. Welche positiven Eigenschaften kannst du finden, die dafür sprechen? Es geht hierbei nicht um Eigenlob, sondern darum, dass dir bewusst wird, was dich als Mensch und besonders als Weggefährtin auszeichnet. Wenn es dir schwerfällt, dann stelle dir vor, was andere gut an dir finden. Was können sie Gutes über dich sagen? Schau auch, was du selbst an dir magst und wertschätzt. Was zeichnet dich als gute Freundin aus? Der Archetyp der Weggefährtin hilft dir dabei, im Zusammensein mit anderen ganz bewusst auch auf deren Bedürfnisse zu achten, denn das ist der sicherste Weg, um eine Freundschaft zu pflegen, und vor allen Dingen, um sie auch zu erhalten! Wann immer du Liebe und Verbundenheit in dir spüren möchtest, lade die Menschen zu dir ein, denen du Liebe und Aufmerksamkeit schenken möchtest. Je öfter du ihnen deine Liebe und Verbundenheit durch Worte oder Taten zeigst, desto stärker wird das Band zwischen euch.

Ich wertschätze alle meine Beziehungen
und bin anderen die Freundin,
die ich mir selbst wünsche!

Die Heilerin

6. Mondmonat: Juni
Astrologisches Tierkreiszeichen: Zwillinge
Archetyp: die Heilerin/die Helferin/die Schamanin/
die Heilsbringerin
Themen: Rückschau halten, Reinigung, Heilung, Befreiung

ASPEKTE:

Intuition, Heilung, Ganzheit, Ganzwerdung, Integration,
Ahnen, Rituale, Traditionen, uraltes Wissen,
Verbindung zwischen den Welten

RITUAL:

Heilungsritual: Aktiviere deine innere Heilerin

ÜBUNG:

Lächle deinem Körper zu

Dieser Archetyp aktiviert in uns die Fähigkeit, zu heilen und zu helfen. Die Heilerin besitzt geheimes und verborgenes Wissen und verhilft uns zu Heilung und Transformation. In Krisenzeiten tritt sie hervor und kann bei der Bewältigung eines schweren Schicksals, z. B. einer Krankheit, unterstützend zur Seite stehen. Schon in alten Kulturen war man davon überzeugt, dass der Körper und die Seele ihre eigene Weisheit besitzen und dass beide genau wissen, was der Mensch braucht, um Heilung zu erfahren.

Früher waren Heilerinnen bzw. Heiler wie Medizinmänner und -frauen, Hexen, Druiden und Schamanen für die Gesundwerdung des Menschen zuständig, weil sie in spirituellen Dimensionen tief verwurzelt waren. Sie besaßen Wahrnehmungskraft und Intuition. Weil sie keine Trennung von Diesseits und Jenseits kannten, waren sie mit beiden Ebenen im Kontakt und erlangten tiefe Einsichten, um Energien zu wandeln.

Eine altruistische Motivation des Dienens und Helfens gehört zum Urbild der Heilerin, denn sie stellt sich und ihre Fähigkeiten zur Verfügung – oft auch ohne Rücksicht auf sich selbst (Helfersyndrom). Die Heilerin lebt in vielen Frauen, die sich mit Heilkunde, Kräuterkunde und anderen Wegen der Heilung beschäftigen. Da ihre Kräfte auf Ebenen Heilung bewirken, die jenseits des Verstandes liegen, war sie schon in früheren Zeiten eine Bedrohung für viele Menschen. Sie wurde infolgedessen verfolgt, gefoltert und musste oftmals ihre Taten mit dem Tod bezahlen. Diese Urangst vor Verfolgung und Ausgrenzung ist noch heute in vielen Frauen aktiv, die sich mit Heilung beschäftigen.

Die Heilerin arbeitet meist im stillen Kämmerlein und sucht nicht die große Bühne. Sie ist angebunden an den großen Geist, die Spirits und an die Kräfte des Universums, und sie nutzt dankbar ihre Gaben. Sie bittet nicht darum und muss diese Kräfte auch nicht zu sich einladen, denn sie weiß, dass sie auf ewig mit ihnen verbunden ist und ist dankbar dafür.

Wenn du der Heilerin in dir begegnest, dann kannst du dich aktiv um deine Selbstheilung bemühen. Wenn deine innere Heilerin in Erscheinung tritt, kommst du mit deiner körpereigenen Weisheit in Verbindung. Im Kontakt mit deiner Heilerin kannst du Botschaften erhalten, die für dich und deine Heilung wichtig sind. Aktiviere die innere Heilerin in dir, und gib ihr die Aufgabe, dich intuitiv zu den Dingen zu führen, die dich bei deiner Selbstheilung unterstützen können. Es ist ganz egal, ob es Bewegung, Nahrung oder auch ein homöopathisches Mittel, Bachblüten oder andere Dinge sind. Spüre, was es braucht, damit deine Selbstheilungskräfte wieder aktiviert werden. Je besser du im Kontakt mit deiner inneren Heilerin bist, umso klarer werden ihre Botschaften. Es ist wirklich sinnvoll, regelmäßig mit ihr zu kommunizieren, damit du im Ernstfall, beispielsweise bei einer akuten Krise, einer plötzlichen Erkrankung oder auch einem Unfall, direkten Zugang zu ihr hast. Gerade in einer bedrohlichen Situation ist ein schnelles Handeln erforderlich und lebenswichtig. Wenn unsere Selbstheilungskraft angeregt werden soll, dann müssen wir Verbindung aufnehmen, zu unserem Körper, zur Krankheit, zu unseren Symptomen sowie zu unseren Gedanken und Gefühlen, die damit einhergehen. Heilung kann immer nur dann geschehen, wenn wir Bewusstsein dafür schaffen, die Eigenverantwortung übernehmen und in Liebe annehmen, anstatt die Krankheit abzulehnen. Die Heilerin in dir hilft dir, über die Dimensionsgrenzen hinwegzuschreiten, um auf den Weg der Heilung zurückzufinden. Sie fordert dich dazu auf, in Krisenzeiten besonders intuitiv und wachsam zu sein, damit du deine Krankheiten und Ängste als Lehrer oder Botschafter annehmen und würdigen kannst. Die Kraft der Heilerin können wir immer für uns selbst nutzen, aber auch für andere Menschen oder Tiere, wenn wir ihnen als Begleiter durch eine Krise oder Krankheit hindurch beistehen.

Die Selbstheilungskräfte des Körpers sind sehr viel größer und stärker, als uns bewusst ist. Selbst »unheilbare« Krankheiten können ausheilen, wenn wir die Selbstheilungskräfte auf allen Ebenen aktivieren und den

Prozess anstoßen. Dazu gilt es, die Ursache der Krankheit zu finden und nicht nur die Symptome zu behandeln. Wenn wir uns verletzen, brauchen wir der Wunde auch nicht zu sagen, dass sie heilen soll. Unser Körper verfügt über alle Kräfte, um sich zu regenerieren und zu heilen – wenn wir ihn lassen. Die Selbstheilungskraft kümmert sich darum, und so verschließt sich und heilt eine Wunde oder ein Knochen wächst wieder zusammen. Jeder Körper speichert alle gemachten Erfahrungen in seinen Zellen. Daher ist es wichtig, dass das natürliche Gleichgewicht im zellulären Bereich wiederhergestellt wird. Nur so kann der Mensch vollständig genesen.

Ganzheitlichkeit ist der Schlüssel zu einer vollständigen Heilung. Heilung kann immer dann stattfinden, wenn Körper, Geist und Seele im Einklang sind. Deshalb ist es essenziell, alle Ebenen mit in den Heilprozess einzubeziehen. Das bedeutet, es sollten idealerweise Heilmethoden gefunden und angewendet werden, die auf den physischen, psychischen und energetischen Körper gleichermaßen Einfluss nehmen. Ein weiterer wichtiger Faktor für Heilung ist, dass diese nur in einem ruhigen und entspannten Zustand geschehen kann. Unter Stress kann niemals Heilung bewirkt werden. Wenn dein Körper seine Anspannung loslassen kann, dann bekommt die Seele Raum, um ihre Botschaft auszudrücken. Die Heilerin unterstützt dich in deiner Ganzheitlichkeit, damit du die Balance zwischen Körper, Geist und Seele schaffen kannst.

Beschäftige dich heute mit den folgenden Fragen:

* Was in meinem Leben macht mich traurig?
* Was in meinem Leben macht mich glücklich?
* Welche Dinge und Personen wirken negativ auf mich und rauben mir Energie?
* Welche Dinge und Personen laden mich positiv auf und geben mir Energie?
* Was signalisiert mir mein Körper?
* Welche Schmerzen kann ich gegenwärtig spüren?
* Was darf ich aus (m)einer Krankheit oder Krise lernen?
* Wie fühlt sich der Zustand »krank sein« an?
* Woran hindert mich die Krankheit/Krise?
* Wenn die Krankheit/Schmerzen eine Botschaft für mich bereithalten, dann lautet diese …?
* Welche Gedanken und Gefühle verbergen sich hinter meinen Schmerzen?
* Welchen Sinn kann ich in meinen Schmerzen finden?
* Was bin ich bereit, daraus zu lernen?
* Welche Erfahrungen mache ich durch meine Krankheit?
* Und was wird mir alles durch meine Krankheit verwehrt?
* Welche Frauen kenne ich, die die Heilerin in sich tragen?

Heilungsritual
Aktiviere deine innere Heilerin

Wenn es uns nicht gut geht, dann legen wir ganz automatisch unsere Hände auf die schmerzende Stelle oder dorthin, wo wir Unbehagen fühlen. Das Handauflegen wird seit Jahrtausenden, z. B. bei Reiki, Jin Shin Jyutsu, auch Heilströmen genannt, praktiziert. Es regt die natürliche Selbstheilungskraft an und löst Energieblockaden sowie Energiestaus im Körper. Das Wohlgefühl, das entsteht, ist förderlich für die körperliche, geistige und seelische Ebene.

Ganzheitliche Heilung kann immer nur dann stattfinden, wenn alle vier Ebenen – die körperliche, die geistig-mentale, die seelische und die spirituelle Ebene – angesprochen und in den Gesundungsprozess eingeschlossen werden. Die letztgenannte Ebene wird oftmals leider außer Acht gelassen. Doch erst wenn wir den Sinn einer Erkrankung finden, hören wir augenblicklich auf, eine Krankheit als Strafe zu verstehen und können sie als Herausforderung oder Lernaufgabe unserer Seele akzeptieren, die es zu meistern gilt.

Ich selbst war vor vielen Jahren an Borreliose erkrankt, einer Erkrankung, für die es in der Schulmedizin keine Therapie und damit keine Heilungschancen gibt. Damals hatte ich meine innere Heilerin aktiviert und war nach acht Monaten von den Schmerzen und Symptomen der Krankheit befreit. Ich habe die Verantwortung für meine Heilung in die eigenen Hände genommen und habe mich stets mit meiner inneren Heilerin beraten, welche Schritte es zu unternehmen gilt. Neben zahlreichen Methoden aus der Naturheilkunde sind auch eine bewusste Ernährung oder eine Nahrungsumstellung, Detox-Phasen sowie ausreichend Schlaf und Bewegung das, womit wir jederzeit auf unseren Körper einen positiven Einfluss nehmen können.

Auf der mental-geistigen Ebene sollten wir uns mit den eigenen Gedanken und Glaubenssätzen (z. B.: »Ich bin meiner Krankheit ausgeliefert«, »Ich bin Opfer meiner Erkrankung«, »Ich kann nichts zu meiner Heilung beitragen«, »Nur Ärzte wissen, was mich gesund macht« o. ä.) auseinandersetzten. Denn dauerhaft negative Gedanken, ständiges Grübeln, Zweifeln und Jammern sind unterschätzte geistige Gifte, die uns immens schwächen. Eine optimistische Haltung, Zuversicht und positive Affirmationen sind unerlässlich, wenn körperliche Heilungsprozesse gefördert werden sollen.

Nimm immer dann, wenn du mit einer Krankheit konfrontiert bist, Kontakt zu deiner inneren Heilerin auf. Dieser Archetyp ist jener Anteil in dir, der vollkommen heil und unversehrt ist. Deine innere Heilerin kann dich am besten unterstützen und ist die ideale Ratgeberin, wenn es darum geht, deine persönliche Heilung voranzubringen. Auch dann, wenn du medizinisch betreut wirst und Entscheidungen bezüglich deiner Behandlung treffen musst, besinne dich immer wieder auf deine innere Heilerin, höre auf dein Herz, und folge deiner Intuition. Bedenke, dass deine Heilung ebenfalls eine Heilung im kollektiven Feld bewirkt. Wir alle sind eins und miteinander verbunden, ein Teil des Ganzen im ewigen Kreislauf. Deine Heilung ist gleichzeitig auch Heilung für deine Ahnen und für die Gemeinschaft, in der du lebst, denn deine Heilung setzt ebenso bei den Menschen und Tieren, die dich umgeben, Heilimpulse frei.

Du kannst dieses Heilungsritual immer wiederholen, wenn du die regenerativen Kräfte deines Körpers anregen willst:

Schließe deine Augen. Atme einige Male tief ein und aus. Begib dich in Gedanken auf eine Reise. Lasse dich dabei, wenn du möchtest, von deinem Krafttier begleiten.

Stelle dir vor, wie du durch die Natur läufst, mit der Absicht, deine innere Heilerin zu treffen. Schaue, wo du sie finden kannst: vielleicht abseits des Weges, in einer Hütte oder in einem Zelt in einem grünen Garten, einem Wald oder auf einem Hügel oder Berg ... Wenn sie dir begegnet und du sie freundlich um Hilfe bittest, wird sie dir Informationen zu deiner Krankheit geben. Stelle ihr eine konkrete Frage, lausche ihrer Weisheit, und lasse dir Ratschläge und Hinweise geben. Wenn du dich bei ihr sicher und wohlfühlst, stelle dir vor, wie sie dir eine Medizin bzw. einen Trunk reicht, den du einnehmen kannst. Vielleicht heilt sie dich auch mit ihren Händen oder du legst selbst deine Hände auf die schmerzende oder erkrankte Stelle. Atme in ihrem Beisein alle Blockaden, Hindernisse und alles Krankmachende aus, und gib es an Mutter Erde ab. Tanke bei jeder Einatmung neue und frische Energie von Mutter Erde tief in dir auf. Die innere Heilerin begleitet dich mit ihrer Weisheit und ihrem Heilwissen dabei. Vielleicht magst du dir ein Licht vorstellen, das aus der Erde zur Mitte deines Herzens fließt und sich von dort aus in deinem gesamten Körper ausbreitet. Fühle, wie die Heilenergie das erkrankte oder alle Organe versorgt und bis in alle deine Zellen fließt, damit sie sich regenerieren können. Wenn du gern mit Affirmationen arbeitest, kannst du die folgenden Heilaffirmationen zu Hilfe nehmen und in das Heilungsritual einfließen lassen:

* Ich werde gewahr, dass mein Körper ausdrückt, dass etwas in mir in Disharmonie ist.
* Ich erkenne an, dass Krankheit und Schmerzen ein Hilferuf meiner Seele sind.
* Ich werde frei und lasse die Ereignisse los, in denen ich mich an falsche Dinge oder Personen angehaftet habe.
* Ich vertraue meiner Selbstheilungskraft und weiß, dass ich Belastungen überstehen kann.
* Ich würdige und achte meinen Körper, meinen Geist und meine Seele gleichermaßen.
* Ich bin mit der Weisheit meines Körpers verbunden.
* Mein Körper trägt das Wissen für vollständige Gesundheit in sich.
* Wohlbefinden, Vitalität und Kraft durchfluten mich.
* Ich entdecke neue Wege, gesund zu werden.
* Ich trage den Schlüssel zur Gesundheit in mir.
* Ich verdiene vollkommene Gesundheit.
* Gesundheit ist der natürliche Zustand meines Körpers.
* Der Weg für meine Heilung ist hell und frei.
* Ich bin jetzt bereit, Heilung auf allen Ebenen meines Seins zu empfangen.

Wenn du dich wohl und genährt fühlst, dann kannst du deine Reise beenden. Atme zum Abschluss 3 Mal tief in dein Herz hinein und hinaus. Beende die Übung, indem du dich bei deiner inneren Heilerin und Mutter Erde für die Energie und die Heilkräfte bedankst, die sie dir zur Verfügung gestellt haben. Wenn dich dein Krafttier begleitet hat, dann danke auch ihm für seine Begleitung. Du kannst deine innere Heilerin jederzeit besuchen und um Unterstützung bitten, wenn es um deine Gesundwerdung geht.

Lächle deinem Körper zu

Die folgende einfache, aber sehr wirkungsvolle Übung kann dir helfen, deinen Körper und alle Organe mit positiver Energie zu versorgen, sodass Blockaden aufgelöst und die Selbstheilungskräfte angeregt werden. Sie beeinflusst deine körperliche Konstitution, berührt aber zeitgleich auch deine geistige und seelische Ebene.

Setze dich auf einen Stuhl oder auf ein Meditationskissen. Du kannst dich für diese Übung auch bequem hinlegen, so wie es dir jetzt angenehm erscheint.

Schließe deine Augen, und atme einige Male tief ein und aus. Lasse vor deinem geistigen Auge ein Bild entstehen, das dich zum Lächeln bringt. Das kann auch eine Person oder eine Situation sein, an die du dich erinnerst. Wenn du das Lächeln auf deinem Gesicht wahrnehmen kannst, dann breite es weiter aus. Stelle dir vor, wie die positive Energie deines Lächelns sich auf deinen ganzen Körper ausdehnt. Spüre, wie es sich von oben nach unten, also von Kopf bis Fuß, ausbreitet.

Stelle dir dann vor, wie die Energie von außen nach innen, also von der Haut über die Muskeln bis in die Knochen, wandert. Spüre, wie alle deine Zellen mit der Kraft deines Lächelns geflutet werden.

Stelle dir dann anschließend vor, wie du jedem einzelnen Organ freundlich zulächelst. Schenke deiner Leber ein Lächeln. Die Leber speichert Ärger und Zorn. Sende ihr mit deinem Lächeln Freude und Zufriedenheit. Schenke deinem Magen ein Lächeln. Der Magen speichert Kummer und Sorgen. Sende ihm mit deinem Lächeln Gleichmut und Leichtigkeit. Schenke deiner Milz ein Lächeln. Die Milz steht für übermäßiges Grübeln und Nachdenklichkeit. Sende ihr mit deinem Lächeln Gelassenheit und Ruhe. Schenke deinen Nieren ein Lächeln. Die Nieren speichern

Angst und Schrecken. Sende ihnen mit deinem Lächeln Vertrauen und Zuversicht. Schenke deiner Lunge ein Lächeln. Die Lunge speichert Trauer und steht in Verbindung mit Verlust und Loslassen. Sende ihr mit deinem Lächeln Lebenskraft und Lebensfreude. Schenke zum Schluss deinem Herzen ein Lächeln. Dein Herz speichert emotionale Verletzungen. Sende ihm mit deinem Lächeln Vergebung und bedingungslose Liebe. Verweile für 3–5 Atemzüge bei jedem einzelnen Organ, und lade es mit der Kraft deines Lächelns auf.

Du kannst die Übung beenden, wenn du ein entspanntes Wohlgefühl im Körper wahrnehmen kannst, der Geist gelassen geworden ist und die Emotionen sich in einem ruhigen und harmonischen Zustand befinden.

Wann immer du möchtest, kannst du diese Übung wiederholen. Je öfter du sie durchführst, umso leichter wird dir die Körperreise gelingen. Du kannst sie auch jeden Abend vor dem Schlafengehen durchführen, um dich von allem Ballast des Tages zu reinigen.

Ich bin bereit, frei und ganz zu werden, und lasse zu,
dass nun Heilung auf allen Ebenen meines Seins geschieht!

Die Liebende

7. Mondmonat: Juli
Astrologisches Tierkreiszeichen: Krebs
Archetyp: die Liebende/die Geliebte/die Sinnliche/die Genießerin
Themen: Hingabe, Annehmen, Öffnung für das Neue

ASPEKTE:
Weiblichkeit, Charisma, Geben und Nehmen, Nähe, Hingabe, Erotik,
Begierde, Leidenschaft, Lust, Beziehungsfähigkeit, Sinnlichkeit,
Genuss, Sensitivität, Zärtlichkeit

RITUAL:
Berührungsritual: Heilsame Berührungen

ÜBUNG:
Sinnliches Essen

Die Liebende ist der Archetyp, der mit Liebe, Schönheit, Berührung, Zuwendung, Zärtlichkeit, Sexualität und Sinnlichkeit in Verbindung steht. Die Liebende ist an kein bestimmtes Lebensalter gebunden. Eine junge, reife oder auch ältere weise Frau kann zu einer sinnlichen Geliebten werden. Dass das Alter keine Rolle spielt, spüren wir, wenn wir uns verlieben – in einen anderen Menschen, in ein Projekt, unsere Arbeit oder in das Leben selbst. Die Hauptaufgabe des Archetyps ist das Fühlen und die Kunst, in gesunden Beziehungen zu sein. Zwischen Geben und Nehmen liebevoll die Balance zu halten und den Partner so anzunehmen und zu lieben, wie er ist. Die Liebende leuchtet von innen heraus nach außen. Die Liebe ist ihr Lebenselixier, und sie pflegt eine gesunde Beziehung zu sich selbst, zu geliebten Menschen und zur gesamten Welt. Dieser Archetyp aktiviert in uns die Fähigkeit zur Sinnlichkeit, Leidenschaft und Intimität. Die liebende Frau beherrscht die Kunst der alles verbindenden Liebe sowie das Wunder des Verschmelzens vom Weiblichen mit dem Männlichen. Es geht auch um Gefühle und körperliche Empfindungen, um Anziehung und Nähe, um berühren und berührt werden. Sie vermag ihre Liebe mit ihrem ganzen Körper auszudrücken.

Viele Frauen sehnen sich nach wahrer Liebe, und sie sind meist durchaus fähig, Liebe zu geben, erlauben sich aber oftmals nicht, im Gegenzug auch Liebe zu empfangen. Intimität und Nähe sind ihnen wichtig, und sie möchten frei sein von Abhängigkeiten vom Partner und der Sucht, ihn zu kontrollieren oder ihn an sich zu binden. Weil die Liebende schon Leid innerhalb von Beziehungen erfahren und durchlebt hat, hat sie zur wahren Liebe gefunden, die stärker ist als je zuvor. Ihre Liebe ist keine Energie, die festhält und klammert, sondern eine, die freigibt. Die Liebende in dir gibt dir die Fähigkeit, dich selbst zu lieben, deinen Körper so anzunehmen, wie er ist, und wohlwollend alle deine Stärken und Schwächen wahrzunehmen und zu akzeptieren. Wenn du mit ihr in Kontakt bist, kannst du eine liebevolle Beziehung aufzubauen: zu dir selbst, zu anderen und zur Welt. Sie lehrt dich, die begehrende körperliche Liebe mit der Liebe des Geistes und der Seele zu vereinen.

Wenn eine Frau eine starke Anziehungskraft besitzt und die Blicke auf sie gerichtet sind, wenn sie einen Raum betritt, dann ist das Urbild der sinnlichen und liebenden Frau in ihr lebendig. Eine Frau, die solche Sinnlichkeit ausstrahlt, diese genießt und auch gern verführt wird, kann von anderen Vertreterinnen ihres Geschlechts aus Neid und Missgunst abgewertet werden. Daher ist sie oft allein bzw. Männer binden sich nicht dauerhaft an sie, da sie befürchten, dieser Frau nicht dauerhaft gewachsen zu sein und ihre Bedürfnisse nicht befriedigen zu können. Die Liebende verkörpert Sinnlichkeit und Verführung, und sie liebt die Schönheit und Freuden des Lebens. Weil sie die Erde, und alles, was ist, mit Liebe und Zärtlichkeit behandelt, fühlt sie sich lebendig und verbunden – und mit allem eins.

Wenn du der Liebenden in dir begegnest, dann kannst du dich körperlich wie auch emotional berühren lassen. Die Liebende will berühren und will auch berührt werden. Sie trägt die Sehnsucht nach einer liebevolleren Welt in sich, und ihre Liebe gibt sie dazu unterstützend in die Welt. Sie sorgt dafür, dass andere Archetypen in uns immer wieder in Harmonie kommen. Mit der Liebenden an deiner Seite kannst du deine Beziehungen auf eine ganz besondere Art und Weise gestalten. Sie schenkt dir jene Sensibilität und Empfindsamkeit, die es braucht, um anderen achtsam und mitfühlend zu begegnen. Die Liebende in dir gibt dir die Fähigkeit, dich selbst zu lieben und so anzunehmen, wie du bist. Die Liebe zu dir selbst gibt dir die Möglichkeit, auch andere wahrhaftig zu lieben. Echte Liebe ist keine Energie, die festhält und klammert, sondern eine, die fließt und freigibt.

Berührungen

Wahrscheinlich hast du schon die Erfahrung gemacht, dass das Streicheln über Kopf oder Wange oder eine liebevolle Umarmung Wärme und Wohlgefühl auslöst. Sanfte Berührungen haben aber nicht nur eine wohltuende, sondern erwiesenermaßen auch heilsame Wirkung. Berührungen beeinflussen unser Herz-Kreislauf-System, unser Hormon- und Immunsystem und den Stoffwechsel günstig. Stresshormone werden gemindert und die Entspannung gefördert. Sanfte Berührungen regulieren und harmonisieren die Energie des Körpers, vermindern Stress sowie Schmerzen, und auch auf die Psyche wirken sie sich aus, indem emotionale Zustände wie Ängste reduziert und Depressionen gelindert werden können. Es gibt auch zahlreiche Therapien, in denen das Handauflegen als energetische Methode genau diesen Effekt erzielt. Durch die Berührung wird die Ausschüttung von Oxytocin, einem Bindungshormon, angeregt. Auch die Glückshormone Serotonin und Dopamin werden freigesetzt. Zudem werden unsere natürlichen Selbstheilungskräfte aktiviert, was die körperliche Gesundheit und die psychische Stabilität unterstützt. Berührungen und Zärtlichkeit sind von Beginn unseres Lebens an essenziell, denn schon im Mutterleib ist der Tastsinn der erste Sinn, den wir entwickeln. Über das Berührtwerden – sei es, indem wir in den Arm genommen, gestreichelt und gestillt oder geschaukelt werden – werden uns einerseits Trost und Beruhigung geschenkt, andererseits aber auch unser Körper- und Selbstbewusstsein entwickelt und gestärkt.

Experten haben herausgefunden, dass in der heutigen Zeit Berührungen viel zu kurz kommen. In unserer technologischen und medialen Welt, in der wir über alle modernen Möglichkeiten des virtuellen Austausches verfügen, hatten Menschen noch nie so wenig Haut-zu-Haut-Kontakt wie heute. Doch wir sind darauf angewiesen, von jemandem oder etwas berührt zu werden, denn Studien zufolge wirken sich Vertrautheit, Zuwendung und Geborgenheit stark auf unsere Gesundheit aus und lassen uns sogar länger leben.

Beschäftige dich heute mit den folgenden Fragen:

Du kannst dich bei der Fragestellung mit deinem Schoßraum verbinden. Lege dazu eine Hand auf dein Sakralchakra, dass etwa eine Handbreit unter dem Bauchnabel liegt.

Atme einige Male tief in dein Becken hinein, bis zu deiner Gebärmutter, aus der deine ursprüngliche Lebenslust, deine natürliche Schöpferkraft und deine ungefilterten Emotionen entspringen. Wenn du mit deinem Schoßraum verbunden bist, dann stelle dir folgende Fragen:

* Wonach sehne ich mich?
* Trage ich noch kollektiven Schmerz meiner Ahninnen in meinem Schoßraum?
* Welche Verletzungen gilt es noch zu heilen?
* Erlaube ich mir, Sinnlichkeit und Genuss zu erleben?
* Wie viel Zeit und Raum gebe ich mir für Zärtlichkeit und Intimität?
* Kann ich Nähe und Berührungen aushalten?
* Bin ich fähig, Liebe zu geben und Liebe anzunehmen?
* Lebe ich meine Sexualität aus, und kann ich sie genießen?
* Was brauche ich, damit meine volle Weiblichkeit erblühen kann?
* Wie kann ich der Liebenden in mir im Alltag noch mehr Ausdruck verleihen?
* Kenne ich Frauen mit der Energie der Liebenden in meiner Umgebung?

Sei gespannt, welche Antworten aus deinem Schoß auftauchen. Wenn du magst, dann notiere deine Antworten in deinem Rauhnachttagebuch. Fühle, wie sanft und weich dein Körper wird, wie sich deine Energie verändert, wenn du auf das zarte Flüstern deiner weiblichen Weisheit hörst.

Berührungsritual
Heilsame Berührungen

Widme dich heute deinem Körper, und schenke deinen weiblichen Körperteilen wie dem Brustbereich, den Brüsten und dem Beckenbereich einmal deine besondere Aufmerksamkeit. Stelle dich aufrecht hin. Entspanne dich, und lasse alle Gedanken los. Atme wieder tief in dein Becken, und lasse mit jedem Atemzug die Anspannung aus deinem Körper weichen. Wenn es dir hilft, lege deine Hände auf deine Hüften, und spüre, wie die Atmung bis in deine Hüften und Hände fließt. Dann stelle dir vor, wie silbrig-weißes Licht durch dein Kronenchakra (der Mittelpunkt am Scheitel deines Kopfes) warm und sanft in dich einströmt. Stelle dir vor, wie dieses kristallklare weiße Licht durch deinen Scheitel hindurch bis in den Raum deines Herzens und von dort aus weiter in deinen Schoßraum fließt. Stelle dir vor, wie das reine weiße Licht dein Becken, deine Gebärmutter und deinen gesamten Schoßraum erfüllt. Beginne dich selbst zu streicheln: dein Gesicht, deinen Nacken, deine Arme und Hände, deine Brüste, deinen Bauch und deine Beine, bis du bei den Füßen angelangt bist. Vielleicht kannst du dabei auch ein farbiges Leuchten sehen, das von deinem Herzen ausgehend durch deine Arme und Hände zu der Körperstelle fließt, die du mit deinen Händen berührst.

Lasse dich jetzt einmal bewusst hängen und alles ganz locker werden. Dann fahre mit deinen Händen über die Beine entlang wieder nach oben. Richte dich langsam in deinem Tempo wieder auf. Wenn du wieder stehst, lege abschließend die Hände auf deinen Schoßraum. Spüre, wie der heilsame Energiestrom aus der Mitte deines Herzens entspringt und durch deine Arme in deine Hände fließt. Nimm noch ein paar tiefe Atemzüge, und genieße die Energie, die du gerade aufgebaut hast, und bleibe mit deiner Präsenz in deinem Becken und Schoßraum.

Du kannst dieses Ritual auch beim Eincremen deines Körpers einfließen lassen. Sei ganz aufmerksam dabei. Beobachte dich, und spüre nach: Wie fühlt sich dein Körper an? Welche Reihenfolge nimmst du beim Eincremen der einzelnen Körperteile vor? Welche Sinne sind noch beteiligt? Was riechst du? Kannst du bewusst den Duft der Creme auf deiner Haut wahrnehmen? Was fühlst du? Kannst du die Veränderung deiner Haut vor dem Eincremen bis zum vollständigen Einziehen der Creme in die Haut wahrnehmen? Was hörst du? Kannst du die Stimme der Liebenden in dir hören? Wenn ja, was flüstert sie dir zu? Und zum Schluss: Was siehst du? Schaue in den Spiegel, und beobachte, wie sich deine Ausstrahlung verändert, wenn du sanft und liebevoll mit dir umgehst. Kannst du erkennen, dass dein Ausdruck und deine Gesichtszüge weicher und weiblicher geworden sind?

Alternativ als Partnerritual:

Dieses Ritual eignet sich zum bewussten Berühren und vor allem Berührtwerden. Du kannst das Ritual mit einem/-r Partner/-in oder auch mit einem/r guten Freund/in durchführen. Die heilsamen Berührungen sollten immer innerhalb der persönlichen Grenzen des Nehmenden liegen. So könnt ihr vorher vereinbaren, welche Körperteile berührt werden dürfen und welche ausgespart werden sollen. Es geht dabei keineswegs um eine sexuelle Begegnung, sondern vielmehr darum, einen tiefen Heilungsprozess anzuregen. Da körperliche Zuwendungen immer ein gegenseitiger energetischer Austausch sind, profitiert auch derjenige, der streichelt oder massiert von der heilsamen Kraft der Berührungen.

Spüre die fließende Energie, und beobachte, welche Emotionen auftreten, wenn du berührt wirst oder auch wenn du deine/-n Partner/-in berührst. In dem Moment, in dem du dich liebevoll für den anderen öffnest, nimmst du wieder Kontakt zur Energie deines Herzens auf. Lasse sie ganz gezielt mit in die Berührung des anderen fließen. Egal, ob du Zärtlichkeit gibst oder empfängst, versuche, dich ganz bewusst den heilsamen Berührungen hinzugeben. Wenn du gibst, sei mit deiner Aufmerksamkeit ganz beim anderen, beobachte und erfühle, was ihm/ihr gegenwärtig guttut. Wenn du empfängst, dann sei ganz bei dir, und spüre, was dir guttut, und erlaube dir, diese Zärtlichkeit anzunehmen und sie bewusst zu genießen! Die vertrauensvolle Hingabe beim Geben und Nehmen ist das, was diese Übung ausmacht.

ÜBUNG

Sinnliches Essen

Wir nehmen unsere Umwelt über fünf Sinne wahr: über die Augen (visuell), die Ohren (auditiv), die Haut (haptisch), die Nase (olfaktorisch) und die Zunge (gustatorisch). Wir Menschen tendieren dazu, nur einen oder zwei Sinne, anstatt alle zu nutzen. Sinnesreize erzeugen elektrische Impulse, die blitzartig an unser Gehirn, das wie eine Steuerzentrale funktioniert, weitergeleitet werden. Wenn wir z. B. ein Objekt sehen, entstehen sofort innere Bilder dazu, und wir bringen bestimmte Gefühle, Klänge, Gerüche oder auch einen Geschmack damit in Verbindung. Essen kann ebenso eine sehr sinnliche Beschäftigung sein, denn wenn wir essen, ist nicht nur der Geschmackssinn beteiligt, sondern auch andere Sinne. So haben beispielsweise das Aussehen und der Geruch einer Speise einen Einfluss darauf, ob uns etwas schmeckt.

Bei dieser Übung setzt du während des Essens alle deine Sinne ganz bewusst ein.

Entscheide dich für eine Mahlzeit, die dir guttut. Schon bei der Zubereitung kannst du dir bewusst machen, welchen Weg die Nahrung hinter sich gebracht hat und wer alles daran beteiligt war, dass sie jetzt für dich bereitliegt. Sei achtsam beim Waschen, Putzen und liebevoll bei der Zubereitung der Speise. Wenn deine Mahlzeit fertig ist, decke den Tisch, und stelle auch ein Getränk dazu.

Schließe deine Augen beim Essen, oder trage eine Augenbinde. Bevor du einen Bissen nimmst, rieche zuerst daran, spüre mit Zunge und Lippen die Konsistenz. Nimm erst dann das Essen in den Mund. Konzentriere dich auf die unterschiedlichen Konsistenzen, und schmecke die verschiedenen Aromen heraus. Kaue ganz langsam und bedächtig, und spüre jeden Bissen nach.

Prüfe, wann du satt bist, und beende das Essen, ohne zu schauen, was noch auf dem Teller liegt. Wenn du fertig bist, spüre das Wohlgefühl in deinem Körper, und öffne dann erst deine Augen.

Beim Essen die Augen zu schließen, hilft dir dabei, den Geschmack intensiver wahrzunehmen – selbst dann, wenn du weißt, was du zu dir nimmst. Du spürst deinen Körper besser und kannst auch viel besser erkennen, ob du noch hungrig bist oder ob du nur weiterisst, weil noch etwas auf dem Teller liegt. Besonders empfehlenswert ist es, immer wieder einmal eine Mahlzeit schweigend einzunehmen. Schon ein Gespräch zu führen, lenkt vom Essen und somit auch vom Genuss ab.

Mache einmal den Versuch, und schalte den Fernseher ab, räume den Laptop und das Mobiltelefon beiseite, und lege auch das Buch oder die Zeitung weg. Wenn du dich üblicherweise von derartigen Gegenständen beim Essen ablenken lässt (die meisten Menschen machen das), dann wird dir eine Mahlzeit ohne sie wahrscheinlich langweilig erscheinen. Auf die übliche Weise wirst du dein Essen jedoch nicht wirklich genießen. Versuche, einen Tag in der Woche sinnlich und achtsam zu essen und jedem Bissen deine volle Aufmerksamkeit zu schenken. Das Essen wird dir besser schmecken, und deine Wertschätzung und Dankbarkeit erhöht sich.

Du kannst schon beim Einkaufen darauf achten, welche Nahrung deinem Körper guttut. Höre unbedingt wieder auf dein Bauchgefühl, und lasse dich nicht von deinem Verstand leiten. Dein Körper weiß, welche Nahrung für ihn gut ist. Leider übergehen wir diese Impulse gern, weil viele industriell hergestellte Nahrungsmittel uns süchtig machen und wir dementsprechend ein Verlangen danach haben. Heutzutage unterteilt man die Nahrung in Lebensmittel und Nahrungsmittel. Lebensmittel sind noch »lebendig« und für die Gesundheit unentbehrlich. Nahrungsmittel hingegen sind sozusagen »tot« und reichen für die Gesunderhaltung nicht aus. Lebensmittel sind alle naturbelassenen Produkte, die nicht weiterverarbeitet wurden, sprich, es handelt sich um »lebendige Nahrung«, die noch alle Nährstoffe beinhaltet. Nahrungsmittel hingegen sind Produkte, die weiterverarbeitet wurden, z. B. erhitzt, gekocht, konserviert, präpariert oder gentechnisch verändert. Nahrungsmittel sind nur noch Nährstoffträger ohne Lebendigkeit. Lebensmittel unterstützen die Gesundheit und bringen Vitalität und Wohlbefinden. Nahrungsmittel bringen Erschöpfung, Unwohlsein und leider auch Zivilisationskrankheiten. Behalte dies im Hinterkopf, und mache dir einfach den Unterschied zwischen Nahrungsmitteln und Lebensmitteln bewusst, wenn du einkaufen gehst. Wenn du möchtest, kannst du einmal den Test machen: Spüre den körperlichen Unterschied, wenn du eine Mahlzeit ausschließlich aus wertvollen und nährstoffreichen Lebensmitteln zu dir nimmst – am besten so frisch und naturbelassen wie nur möglich. Auch Kräuter bzw. Wildkräuter wie Löwenzahn, Giersch, Gänseblümchen, Schafgarbe, Beifuß, Thymian, Bärlauch, Frauenmantel, Ringelblume, Salbei, Brennnesseln etc. haben hohe Energiewerte und deshalb eine regenerierende und heilende Wirkung auf unseren Körper.

Ich öffne mich und gebe mich vollkommen der Liebe hin.
Ich erlaube mir, anzunehmen und mit allen Sinnen zu genießen!

Öffne dich für die Magie der
achten **Rauhnacht**

31. DEZEMBER/
1. JANUAR

Die **Künstlerin**

8. Mondmonat: August
Astrologisches Tierkreiszeichen: Löwe
Archetyp: die Künstlerin/die Kreative/die Muse/die Gastgeberin
Themen: Fülle, Kreativität, Ausdruck, das Neue willkommen heißen

ASPEKTE:

Fantasie, Kreativität, Kunst, Selbstausdruck, Wahrheit, Erschaffen,
Gestaltung, kreative Quelle, Schaffens- und Schöpferkraft, malen,
schreiben, zeichnen, kochen, gärtnern

RITUAL:
Schöpferkraftritual: Schöpfe aus deiner inneren Quelle

ÜBUNG:
Lasse dein Tun zur Kunst werden

Dieser Archetyp ist intuitiv und kreativ, lässt die eigene Schöpferkraft spielerisch und leicht fließen, genießt die Schönheit und erlaubt sich, die eigene Kreativität voll und ganz auszuleben. Die Künstlerin hat ihren eigenen Style und strebt danach, etwas Außergewöhnliches zu erschaffen, um sich selbst Ausdruck zu verleihen. Sie kann sehr schlicht und elegant sein, aber auch provokativ mit Kleidung, ausgefallenen Frisuren, Körperschmuck und Tattoos auf sich und ihren eigenen Style aufmerksam machen.

Die vorherrschende Energie der Künstlerin ist jene sprudelnde Schöpferkraft, geprägt von Leichtigkeit und Freude, die sie für kreative Projekte einzusetzen vermag. Sie möchte unbedingt etwas in die Welt bringen: ein Bild, eine Statue, ein Kleid, ein Musikstück, einen Tanz, ein Buch usw. In ihrer Fantasie ist sie ständig damit beschäftigt, etwas Neues und noch nie Dagewesenes zu kreieren, um sich auszuprobieren und daran zu wachsen. Manches Mal kann sich die Künstlerin in uns auch verzetteln – zum einen, wenn sie sich in ihren Visionen verfängt, diese aber nicht in eine Handlung umsetzt, weil sie sich selbst keine Zeit einräumt, oder zum anderen, wenn sie ihre kreative Arbeit wieder einstellt, weil ihre Werke nicht gebührend geschätzt werden und Anerkennung finden.

Viele Frauen möchten sich künstlerisch ausdrücken und etwas erschaffen, egal, ob beim Basteln, Stricken, Nähen, Musizieren, Schreiben, Kochen, Dekorieren der Wohnräume oder bei der Verschönerung des Gartens. Wenn du im Kontakt mit deiner Künstlerin bist, dann führt sie dich zu jenen kreativen Ideen, die in dir schlummern und die darauf warten, in die Welt geboren zu werden. Die Künstlerin repräsentiert den Einfallsreichtum und die Kreativität bei der Erschaffung von künstlerischen und sonstigen Werken. Die kreative Künstlerin kann sich mit Haut und Haaren einer Tätigkeit oder Aufgabe verschreiben, ohne die Zeit zu bemerken. Sie kann ihre kreative Weiblichkeit auf ihre ganz persönliche Art und Weise zum Ausdruck bringen. Sie wird zur Schöpferin des eigenen Lebens und besitzt die Gabe, durch ihre Kunst noch mehr Schönheit in die Welt zu bringen. Sie empfindet Glückseligkeit beim künstlerischen Erschaffen und wenn sie der Welt mit ihrer Kunst Freude bringt.

Wenn du der Künstlerin in dir begegnest, dann fordert sie dich dazu auf, deiner Originalität Ausdruck zu verleihen. Sei kreativ. Sei bunt. Sei brillant. Sei aktiv. Sie ruft dich jetzt dazu auf, deinen Sinn für Kunst zu entdecken und diesen zu entfalten.

Wenn die Künstlerin in dir nicht aktiv ist, merkst du das möglicherweise daran, dass du glaubst, nicht kreativ genug zu sein, dass dir die richtigen Einfälle fehlen oder dass du deine Ideen nicht für gut befindest und deshalb gar nicht erst aktiv wirst. Menschen neigen dazu, sich mit anderen zu vergleichen und denken, dass sie etwas nicht hinbekämen oder dass andere besser wären, als sie selbst. Dieser innere Kritiker blockiert die Künstlerin und lässt sie immer wieder an ihren Werken zweifeln. Auch übertriebener Perfektionismus hindert dich vielleicht daran, der unbändigen Kreativität deiner inneren Künstlerin freien Lauf zu lassen. Mache dir bewusst, dass jeder Mensch ein ganz individuelles künstlerisches Talent in sich trägt, das ihm selbst, anderen und dem Leben allgemein auf wunderbare Weise dient.

Entdecke die Künstlerin in dir, widme dich jetzt deinen verborgenen Fähigkeiten, und verleihe deiner Schöpferkraft Ausdruck. Dabei ist es egal, ob du deine Kunst durch Malen, Basteln, Modellieren oder Gestalten ausdrückst, wichtig ist, dass du deine Kreativität sich frei entfalten lässt. Eine Künstlerin lässt immer erst etwas in ihrem Inneren entstehen und bringt es dann ins Außen. Es ist ein wunderbarer und schöpferischer Akt, etwas zu erschaffen, was dir selbst wie auch anderen, die du mit deiner Kunst beschenkst, unendlich viel Freude bringt. Spüre in dein Herz hinein, und frage dich: »Was ist es, was ich in diese Welt bringen möchte?« Wenn du dich öffnest und dich dem Prozess hingibst, deine Gedanken und Gefühle künstlerisch auszudrücken, wirst du dabei nicht nur Bewusstwerdung, sondern auch tiefe Transformation und Heilung erfahren. Kreativität ist eine natürliche Fähigkeit, die dir hilft, deine Seele sanft und liebevoll zu heilen.

Beschäftige dich heute mit den folgenden Fragen:

* Was bedeuten Kunst und Kreativität für mich persönlich?
* Macht es mir Freude, etwas zu erschaffen?
* Was habe ich als Kind schon gern Kunstvolles gemacht oder gestaltet?
* Und wie habe ich mich als Kind dabei gefühlt?
* Wie sieht es derzeit in meinem Leben aus – nehme ich mir Zeit, um kreativ zu sein?
* Kann ich gut abschalten und mich abseits vom Alltag meinen Künsten zuwenden?
* Welche Frauen kenne ich, die ihre Künstlerin ausleben?

Schöpferkraftritual
Schöpfe aus deiner inneren Quelle

Weil die Künstlerin es liebt, sich selbst immer wieder neu zu erfinden, kann sie ihre Energie auch in ihre Kunst einfließen lassen. Es bringt ihr höchstes Glück, immer wieder Neues zu erschaffen. Ihre schöpferische Kreativität ist so beglückend und erfüllend, weil sie sich dem Fluss des Lebens hingibt. Sie fragt nicht nach richtig und falsch. Sie ist die fantasiereiche Quelle und folgt ihren intuitiven Impulsen, ihrer Originalität und der lebendigen sprudelnden Kraft schöpferischer Energie.

Schließe deine Augen, und mache eine kleine Atemmeditation. Fühle die Verbindung zwischen deinem Sakralchakra (befindet sich eine Handbreit unter deinem Bauchnabel) und Halschakra (liegt auf der Höhe des Kehlkopfes), indem du jeweils eine Hand auf ein Energiezentrum legst. Lasse zwischen diesen beiden Punkten (Bauch und Hals) liebevolle Energie fließen. Stelle dir vor, wie durch die Hand, die auf deinem Bauch liegt, orangefarbenes Licht in deinen Körper strömt und durch die andere Hand, die auf deinem Hals liegt, hellblaues Licht in deinen Körper fließt. Spüre den orangen Energiestrom von unten nach oben und den blauen Energiestrom von oben nach unten fließen, bis sich beide in der Mitte, in deinem Herzen treffen und miteinander zu einer Einheit verschmelzen. Wenn du im Herzen angekommen bist, dann stelle deiner Künstlerin eine Frage, die dich in diesem Moment oder länger schon beschäftigt. Sprich diese Frage laut oder leise in Gedanken aus. Dann lasse los, und warte, welche Botschaft die Künstlerin dir schickt. Lasse vor deinem inneren Auge die Antwort entstehen. Egal, ob dir ein Satz, ein Wort, ein Bild, ein Symbol, ein Mensch, ein Tier oder eine Erinnerung gezeigt wird. Nimm im Anschluss einen Zeichenblock, und zeichne spontan aus dem Bauch heraus jetzt das, was du vor dir siehst. Lasse dich von deinem Bauchgefühl leiten. Denke nicht so viel über die Antwort nach, sondern lasse Farben und Formen einfach auf dem Blatt entstehen. Deuten kannst du dein Werk, wenn es fertig ist. Vielleicht empfängst du auch noch ein Lied, eine Silbe, einen Klang oder ein Mantra, dann bringe all das, während du malst, mit deiner Stimme ungehemmt zum Ausdruck. Erlaube dir, originell, freudvoll, witzig, innovativ, lebendig und schöpferisch zu sein. Bewerte deine Kunst nicht, sondern genieße das Flow-Erlebnis, bei dem du dich selbst darstellst.

Dieses Ritual dient dazu, innere Bilder nach außen zu transportieren. Das ist schon der erste Schritt in Richtung Erfüllung, denn alles, was eine Form annimmt, kann sich auch manifestieren. Nutze die Kraft der Künstlerin immer dann, wenn du eine kreative Antwort auf eine Frage suchst. Wenn du dich mit ihr verbindest, dann verbindest du dich automatisch mit dem Fluss des Lebens. Wenn du deine Schöpferkraft aktivierst, dann setzt du dich für deinen persönlichen Seelenplan ein. Sei die Quelle der

Schöpfung, und male das Bild deines Lebens mit allen Formen, Farben und Facetten, und erlaube dir, Lebensfreude und Fülle zu erfahren. Feiere und ehre heute die Künstlerin in dir.

Lasse dein Tun zur Kunst werden

Wenn man in einer kreativen Tätigkeit versinkt und dabei Zeit und Raum um sich herum völlig vergisst, dann bezeichnet man diesen Zustand als Flow-Erlebnis. Es ist so, dass sich unser Bewusstsein dann erweitert und wir in einen Zustand geraten, der einer Meditation gleicht. Wer sich schon mit Kunst beschäftigt hat und kreativ arbeitet, hat diesen Flow-Zustand sicherlich schon erlebt. Dieser Zustand kann sich beim Tanzen, Malen, Musizieren, Schreiben, Basteln, Kochen und nahezu jeder Tätigkeit, die mit Kreativität zusammenhängt, einstellen.

Finde heraus, welche Art von Kunst dich beflügelt und bei welcher kreativen Tätigkeit du vollkommen aufgehen kannst und welche dich in den Flow bringt. Lenke deine Aufmerksamkeit im Hier und Jetzt auf deine Schöpferkraft! Benutze deinen Körper, deine Stimme, deine Sinne, und lasse auch deine Bewegungen kunstvoll werden. Schaue dich um, und frage dich: »Womit kann ich heute mein Leben verschönern?« oder »Womit kann ich meine Umgebung und mein Zuhause verschönern?« Es gibt so viele Dinge, die voller Schönheit sind. Mache sie dir bewusst! Lasse dich von schönen Dingen, Menschen und Orten inspirieren. Entdecke deinen eigenen Stil für Formen, für Materialien, für Farben, für Kompositionen. Gestalte etwas Schönes, das dein Herz erfreut, egal, ob du etwas schreibst, eine Geschichte oder ein Gedicht, ein Bild malst oder einen Kuchen backst. Erwecke die Künstlerin in dir, entdecke ihr Potenzial, und begib dich in den Flow, um etwas Schönes und Einzigartiges zu erschaffen. Begib dich jetzt auf eine Entdeckungsreise zu deiner ureigenen Kreativität. Hier findest du ein paar Ideen:

* Mache einen Spaziergang, und sammle einige Dinge aus der Natur mit denen du zu Hause etwas Schönes basteln kannst. Vielleicht magst du einen Stein bemalen oder aus Zweigen und Moos ein schönes Gesteck basteln.
* Blättere in Magazinen und Zeitschriften, und schneide Bilder, Sätze und Schlagworte aus, die dich ansprechen. Mit den gesammelten Dingen kannst du dann eine Collage kleben. Die Collage kannst du beispielsweise auch im Hinblick auf die Frage: »Was liebt die Künstlerin in mir« erstellen.
* Lege deine Lieblingsmusik auf, und schließe deine Augen. Bewege deinen Körper zur Musik. Spüre, welche Emotionen aufsteigen, und spüre nach, wo du sie als Körperempfindung wahrnehmen kannst. Tanze, tanze, tanze …
* Wenn du gern singst, dann nimm dir jetzt Zeit, und singe los … egal, ob mit oder ohne Musik. Wichtig ist, dass du deiner Stimme Ausdruck verleihst.

Vielleicht hast du eigene Ideen, wie du den Kontakt zu deiner Künstlerin und zu deiner kreativen Quelle wiederherstellen kannst. Was auch immer du tust, um deine innere Künstlerin zu erwecken, tue es am besten so oft, wie es dir möglich ist.

Ich bringe meine schöpferische Kreativität zum Ausdruck.
Ich bin bunt und schillernd. Ich feiere, tanze, singe
und lade damit das Leben zu mir ein!

Öffne dich für die Magie der
neunten **Rauhnacht**

1./2. JANUAR

Die Jungfrau

9. Mondmonat: September
Astrologisches Tierkreiszeichen: Jungfrau
Archetyp: das Mädchen/die Jungfrau/die junge Frau/die Tochter
Themen: Erneuerung, Empfangen, Reifen, Wachstum

ASPEKTE:
Erneuerung, Erblühen, Schönheit, Entwicklung, Selbstentfaltung,
Selbstfindung, Jugend, Wachstum, Neugier aufs Leben,
kindliche Freude, im Hier und Jetzt leben, Befreiung, Reinigung,
Ordnung, Neuorientierung, Ausrichtung

RITUAL:
Erneuerungsritual: Mondwasser herstellen

ÜBUNG:
Magic Moments

Dieser Archetyp hat für uns Frauen eine besondere Bedeutung, denn wir alle waren in der Vergangenheit das junge und unschuldige Mädchen. Die Jungfrau entspricht dem jungen Mädchen, der Jugendlichen, die gerade auf dem Weg ist, zu einer Frau heranzureifen. Sie verkörpert Schönheit, Frische, Lieblichkeit und Zartheit. Eine Jungfrau ist nicht mehr das kleine Mädchen, aber auch noch keine erwachsene Frau. Ihr Körper erwacht, wird immer weiblicher und am Ende zur Frau. Nach und nach entdeckt sie ihren heranreifenden Körper, ihre Weiblichkeit und auch ihre Sinnlichkeit. Dabei beherbergt jede Frau (nicht nur die Jungfrau im traditionellen Sinne) diesen Archetyp.

Die Jungfrau erlebt ihre Menarche, das erste Blutmysterium. Dies ist eine äußerst wichtige Phase im Leben einer jungen Frau, denn ihr wird durch die monatliche Menstruation gewahr, dass sie erwachsen wird und zu einer Frau heranreift. Wenn sie in dieser Phase der Menarche liebevoll getragen und begleitet wird, fördert das ihr Selbstbewusstsein und unterstützt ihre Freude auf das Frausein. Diese Lebensphase ist meist geprägt von einer gewissen Ambivalenz, nämlich dem Wunsch nach Freiheit und Unabhängigkeit sowie der Angst und Ungewissheit vor dem Leben als erwachsene Frau.

Da die Jungfrau eher kindlich ist und noch nicht viele Erfahrungen gemacht hat, geht sie stets unvoreingenommen, voller Unschuld und mit einer gewissen Naivität auf Situationen und Menschen zu. Sie steht für den Frühling, das erwachende Leben und verkörpert Wachstum und Neubeginn. Die Kraft der Jungfrau erwacht dann in uns, wenn wir mit jungfräulicher Unschuld ein neues Projekt starten. Enthusiasmus und Lebenskraft sind die Aspekte, die uns die Jungfrau spendet, wenn wir uns auf den Weg machen, ein neues Abenteuer zu wagen. Die archetypische Kraft des Mädchens bzw. der Jungfrau ist die Fähigkeit, alle Dinge und Situationen um uns herum in Ordnung zu bringen und ein perfektes Umfeld zu erschaffen, in dem etwas Neues entsteht, wächst, heranreift – um dann in voller Schönheit zu erblühen. Ihrem wachsamen Blick entgeht kein Detail, und so vermag sie mit ihrer kindliche Neugier in allem, was sie betrachtet, die Schönheit zu entdecken. Die Jungfrau erspäht jedoch auch den kleinsten Fehler. Sorgfalt, Achtsamkeit und Genauigkeit gehören zu ihren Stärken. Ihr kritischer Blick macht sie zu einer Meisterin der Analyse. Weil sie sich stetig verbessern will, findet sie Wege, vermeintliche Fehler zu korrigieren, und sie lernt deshalb auch, mit möglichen Niederlagen umzugehen.

Die Jungfrau lebt unabhängig, befreit und erweckt die pure Freude auf das Leben. Sie liebt alles Neue und Unbekannte, weil sie keine Bewertungen vornimmt. Dabei folgt sie ihrer kindlichen Neugier, und kein Abenteuer scheint ihr zu gewagt. Sie geht offen auf andere zu, freut sich über Gemeinschaft, vermag aber auch, ihren Weg allein zu gehen, wenn es sein muss. Weil sie klar im Denken ist, weiß sie genau, was sie will. Und sie kennt Wege, das zu bekommen, was sie will. Eine Frau kann auf ewig das junge Mädchen sein und voller kindliche Neugier und Wissbegierde auf das Leben schauen. Sie kann immer wieder staunen und Dinge so betrachten, als würde sie diese zum ersten Mal erblicken.

Wenn du der Jungfrau in dir begegnest, dann kannst du dich erneuern. Sie zeigt dir Strukturen auf und findet mit dir einen Weg. Mit ihrer Kraft kannst du auch aus dem vermeintlich größten Chaos wieder Ordnung schaffen. Sie unterstützt dich bei der Neuorientierung.

Jeder neue Zyklus einer Frau beginnt nach einer Phase mit niedrigem Energieniveau und Stille und während dieses magischen Momentes, zwischen dem Ende des einen Zyklus und dem Anfang des nächsten, haben wir die Möglichkeit zur Reinigung, Erneuerung und können Vergangenes abschließen und hinter uns lassen. Weil es in unserer Natur liegt, an alten Mustern sowie an alten Gefühlen und körperlichen Erinnerungen festzuhalten, hält die Jungfrau besonders wichtige Qualitäten für uns bereit. Dinge, die wir nicht länger benötigen oder die uns oft einschränken und limitieren, können wir mit ihrer Hilfe loslassen.

Im Urbild der Jungfrau werden wir der Kraft des erwachenden Frühlings gewahr. Alles beginnt zu wachsen und zu erblühen. Die Jungfrau schenkt uns diese Kraft, mit der wir uns auf einen Neubeginn ausrichten können, um wieder strukturierter, zentrierter und vor allem leichter und erfrischter in eine neue Lebensphase oder auch in ein neues Projekt einsteigen zu können. Selbstbewusst und mutig können wir uns für die eigenen Wünsche und Ziele einsetzen und haben zeitgleich die Konzentration und das Durchhaltevermögen, unsere Visionen und Träume mithilfe der Kraft der Jungfrau zu verwirklichen. Mache dir die kindliche Neugier und die jugendliche Leichtigkeit und Frische zunutze. Sei dabei spielerisch und verträumt wie ein unschuldiges Mädchen.

Beschäftige dich heute mit den folgenden Fragen:

* Was hat mir als junges Mädchen Freude bereitet?
* Was habe ich gern gespielt?
* Welche Märchen haben mich fasziniert?
* In welche Archetypenrolle bin ich als junges Mädchen gern geschlüpft?
* Was möchte die Jungfrau oder das kleine Mädchen in mir gern (noch einmal) erleben?
* Welche Bedürfnisse und Sehnsüchte sind seit meiner Kindheit nicht gestillt worden?
* Welchen Kindheitswunsch möchte ich mir noch erfüllen?
* Welche Frauen kenne ich, die die Frische der Jungfrau in sich tragen?

Erneuerungsritual
Mondwasser herstellen

In der neunten Rauhnacht kannst du dich mit der weiblichen Kraft der Jungfrau verbinden und ihr zu Ehre ein besonders schönes Ritual machen. Stelle dazu eine Schale mit Wasser über Nacht hinaus, und lasse das

Wasser sich im Mondlicht mit Energie aufladen. Wenn aufgrund der Außentemperatur die Gefahr besteht, dass das Wasser draußen über Nacht einfrieren könnte, stelle die Schale mit Wasser in einem Zimmer auf ein Fensterbrett, sodass das Mondlicht trotzdem auf das Wasser trifft. Du kannst deinem Mondwasser auch eine persönliche Information hinzugeben. Der japanische Forscher Dr. Masaru Emoto konnte in zahlreichen Studien beweisen, dass Wasser die Eigenschaft besitzt, gute wie schlechte Informationen, die Schwingung von Musik und Worten sowie Gefühle und Bewusstsein zu speichern. (Eine genauere Anleitung für das Ritual findest du ein paar Absätze später.) Am nächsten Morgen kannst du das Wasser trinken, deinen Haustieren etwas davon in den Trinknapf geben oder deine Blumen und Pflanzen damit versorgen. Du kannst es aber auch für die Körperpflege verwenden: als Gesichtswasser, zum Haare ausspülen oder auch als Badewasserzusatz. Wenn du dich dazu entscheidest, es zu trinken, dann kannst du das auf besondere Art und Weise zelebrieren. Die Kraft des Mondes, mit der dein Wasser aufgeladen wurde, gibt dir neue Energie und hilft dir, noch mehr in Balance mit deiner Weiblichkeit zu kommen. Wasser hat eine wundervoll reinigende und klärende Wirkung, es erneuert und erfrischt dich. Wenn du dich wieder mit neuer, frischer Energie aufladen möchtest, dann verbinde dich mit deiner inneren Jungfrau.

Besonders kraftvoll wird das Wasser, wenn du es in der Nacht zum Voll- oder Neumond zum Energetisieren nach draußen stellst. Vollmondwasser wirkt stärkend, belebend und anregend. Neumondwasser hingegen wirkt eher beruhigend, klärend und entspannend auf Körper und Geist. Es kann bei einer Entschlackungskur und auch nach Eingriffen und Operationen hilfreich sein. Narben verheilen besser und es entstehen keine Entzündungen, Wucherungen oder wildes Fleisch.

Um dein eigenes Mondwasser herzustellen, kannst du wie folgt vorgehen: Gib Quellwasser, stilles Wasser oder Leitungswasser in eine Schale. Du kannst alternativ auch einen Krug oder eine Karaffe aus Glas nehmen. Halte deine Hände über das Wasser, und formuliere einen Wunsch oder ein bestimmtes Anliegen, z.B. Heilung und Erneuerung für ein Organ oder eine bestimmte Lebenssituation. Fühle die reine und klare Energie des Wassers und wie die Kraft deiner Gedanken und die Absicht deines Herzens durch deine Hände in dem Wasser gespeichert werden. Bitte die Mondgöttin, das Wasser über Nacht zu segnen.

Stelle das Wasser dann auf deine Fensterbank, in den Garten oder an eine andere geeignete Stelle für das Ritual. Wichtig ist, dass der Mond an diesem Ort seine Energie wirken lassen kann. Idealerweise sollte das Wasser vom Mondlicht beschienen werden, daher ist es am besten, wenn es bei Vollmond unter freiem Himmel steht. Du kannst auch über Nacht noch einen Heilstein in die Schale oder den Krug geben, um dem Wasser zusätzliche Kraft zu verleihen. Wähle den Heilstein nach der gewünschten Wirkung aus. Reinige ihn unter fließendem Wasser oder in einer Schale mit Meersalz, bevor du ihn ins Wasser gibst. Wie bei der Herstellung von Bachblüten oder anderen Essenzen kannst du dem Mondwasser hochprozentigen Alkohol im Verhältnis von 1:1 hinzugeben, um es haltbar zu machen und um eine Mondwasseressenz herzustellen. Diese Essenz kannst du in kleinen Portionen verwenden, indem du täglich einige Tropfen davon einnimmst oder sie äußerlich bei Wunden o.ä. verwendest.

ÜBUNG

Magic Moments

Magic Moments sind Augenblicke im Leben, in denen wir uns gut, zufrieden und vielleicht sogar uneingeschränkt glücklich fühlen. Wir finden sie immer dann, wenn wir uns für sie öffnen. Ein Magic Moment kann das Wohlwollen oder das Lächeln eines Menschen sein, der Genuss bei einem guten Essen, die Unterstützung, die dir angeboten wurde, oder die Hilfe, die du anderen geben konntest, die Anwesenheit deines Haustieres, das Zwitschern der Vögel am Morgen, die aufgehende Sonne, der blaue Himmel oder der Anblick einer schönen Blume. Wenn du dir diese alltäglichen Magic Moments bewusst machst, wird dir klar, was dir alles Gutes widerfährt. Das baut auf, macht Mut und hebt die Stimmung. Hierbei handelt es sich um eine wirklich gute Übung, um das Augenmerk gezielt auf das Positive und die schönen Dinge im Leben zu lenken, denn viel zu oft haben wir leider den entgegengesetzten Blick und konzentrieren uns nur auf das, was nicht geklappt hat, was wieder schrecklich war, von dem wir glauben, dass es sowieso wieder schiefgehen wird usw. Jetzt geht es für dich darum, dich an die Magic Moments des heutigen Tages zu erinnern. Wann warst du unvoreingenommen und neugierig wie ein junges Mädchen und hast etwas Schönes bemerkt oder betrachtet?

Wähle einen Magic Moment des heutigen Tages aus, und erinnere dich noch einmal daran. Mache ihn dir mit allen Sinnen bewusst. Was hast du gesehen, gehört, gefühlt, und was hast du gerochen oder geschmeckt? Verweile in diesem Zustand, und verankere ihn in dir. Formuliere dann einen positiven Kraftsatz, der mit: »Ich bin …!« beginnt. Beispielsweise: **»Ich bin sicher, gehalten und getragen in dieser Welt …!«, »Ich bin voller Vertrauen für das Leben, und öffne mich für meinen Seelenplan …!«, »Ich bin bereit, mein volles Potenzial der Welt zur Verfügung zu stellen …!«** Wiederhole den Satz gedanklich oder laut ausgesprochen mindestens 10 Mal. Spüre nach, wie es sich jetzt anfühlt. Wie fühlst du dich jetzt gerade?

Ich bin voller kindlicher Neugier und Freude.
Ich entdecke die Einzigartigkeit in allem
und lasse meine eigene Schönheit neu erblühen!

Die alte Weise

10. Mondmonat: Oktober
Astrologisches Tierkreiszeichen: Waage
Archetyp: die Großmutter/die Hexe/die Initiationsmeisterin/
die Schicksalsspinnerin
Themen: Visionen, Eingebungen, Weissagung, Erkenntnisse

ASPEKTE:

Wissen, Weisheit, Selbsterkenntnis, Selbstoffenbarung,
Geisteshaltung, Toleranz, Gelassenheit, Zufriedenheit, Lebensreife,
Verbundenheit, Initiation, Schattenarbeit, Schicksal

RITUAL:

Initiationsritual: Wahrheit und Weisheit entdecken

ÜBUNG:

Besuche eine alte Dame

Dieser Archetyp ist in jeder Frau enthalten, egal, wie alt sie auch ist. So kann das Urbild der weisen Alten auch schon in einem Kind oder einer jungen Frau stecken, wie auch umgekehrt in der weisen, alten Frau immer das Kindliche und die Energie der jungen Frau existieren. Die Magie der alten Weisen strahlt neben Weisheit und Wissen auch ihre tiefe Verbindung mit allen Wesen und der Welt aus. Sie hat etwas Mütterliches und kann ihre Energie einer größeren Gemeinschaft zur Verfügung stellen.

In Märchen tritt die alte Weise meist als Großmutter, als steinaltes armes Mütterchen oder auch als Hexe oder Kräuterfrau in Erscheinung. Sie ist dann im Besitz bestimmter Heilkräuter und kann damit ein Elixier herstellen, oder sie kennt Formeln und Rituale, um einen alten Bann aufzulösen. In Erzählungen, aber auch in Träumen erscheint sie, wenn Menschen sich in einer Notsituation befinden und orientierungslos sind. Da die alte Weise die archetypischen Lebensgesetze kennt, taucht sie als Initiationsmeisterin und Schicksalsspinnerin auf, die jüngere Menschen in das Leben einweiht. Am Ende eines Märchens zeigt sich oft, dass der Held/die Heldin nicht an sein/ihr Ziel gelangt wäre, wenn er/sie nicht zuvor der alten weisen Frau begegnet wäre.

Der Archetyp vermag es, Räume zu schaffen, in denen andere sich öffnen und Selbsterkenntnis suchen können. Das tiefe Hinhören und Verstehen sowie das wertfreie Wahrnehmen mit allen Sinnen sind ihr eigen. Die alte Weise hat immer die Gesamtheit im Blick und kann Probleme auf verschiedenen Ebenen betrachten, um eine Erkenntnis zu gewinnen. Tiefe Weisheit ist das, was sie im Laufe ihres langen Lebens durch erworbenes Wissen und gesammelte Erkenntnisse und Erfahrungen erlangt hat. Ihre Intuition weist ihr auch in der Dunkelheit immer wieder den Weg ins Licht.

Die alte Weise handelt mit großem Bedacht und äußert sich niemals ungefragt. Sie greift auch nicht automatisch in das Leben anderer ein und kann Menschen um sich herum Erfahrungen machen lassen, weil sie weiß, dass Seelen nur dann Reife erlangen, wenn sie aus ihren vermeintlichen Fehlern lernen. Menschen, die zu ihr kommen und sie um Rat bitten, gewährt sie Hilfe. Sie steht ihnen mit ihren eigenen Erfahrungen und ihrem Wissensschatz jederzeit zur Seite. Doch sie wird niemals vorgefertigte Ratschläge oder Hinweise geben, was zu tun ist, sondern ihr Gegenüber dabei unterstützen, den eigenen Erfahrungsweg zu gehen. Sie mischt sich niemals ein und wartet, bis sie gefunden und gefragt wird.

Die alte Weise hat die Möglichkeit, eine (weitere) Mutterschaft einzugehen, hinter sich gelassen. Im realen Leben kann sie auch als Lehrerin, Ärztin, Heilpraktikerin, Therapeutin, Meisterin oder eben als Großmutter in Erscheinung treten. Güte, Wohlwollen und Hilfsbereitschaft charakterisieren den immer bleibenden mütterlichen Aspekt.

Wenn du der alten Weisen in dir begegnest, kannst du dich augenblicklich mit deiner Intuition und mit deiner dir innewohnenden Weisheit verbinden. Sie begünstigt deine Entwicklung und unterstützt dich dabei, auf eine nächsthöhere Ebene zu kommen. Aufgrund ihrer Weisheit kann sie auch dunkle Aspekte und Schattenanteile erkennen und dir helfen, eine andere Perspektive einzunehmen und Abstand zum Geschehen zu wahren, damit du jenseits des Sichtbaren wahrnehmen kannst, was wirklich ist oder was es zu tun gilt. Du wirst spüren, dass du dir selbst vertrauen kannst.

Wenn du dich mit der Kraft der weisen Alten verbindest, kannst du mit dieser weiblichen Weisheit in Kontakt kommen und weißt einfach, was getan werden soll. Die Alte Weise weist dich zur rechten Zeit darauf hin, deinem inneren Ruf zu folgen, um die Ganzheit deines Selbst zu erfahren. Mit ihr an deiner Seite kannst du lernen, auch deinen Schattenseiten zu begegnen. Sei bereit, auch in die tiefsten Abgründe deiner Seele zu schauen. Nur was du bereit bist, anzunehmen und zu akzeptieren, verliert die Macht über dich. Lasse dich von der alten Weisen auf deiner Reise zu deiner Seele begleiten und beschützen. Sie wird dir den Weg zum Licht offenbaren. Sorge auch dafür, dass deine Erfahrungen und deine Lebensweisheiten an die nachfolgenden Generationen weitergegeben werden, aber lasse ihnen die Wahl, was sie freiwillig davon annehmen wollen und was nicht. Gib Ratschläge ausschließlich dann, wenn du darum gebeten wirst. Wissen und Weisheit gelangen nur dann zum Empfänger, wenn dieser wirklich dafür bereit ist.

Beschäftige dich heute mit den folgenden Fragen:

* Höre ich auf die innere Stimme meiner alten Weisen?
* Wann und wodurch komme ich mit meiner inneren Weisheit in Kontakt?
* Auf welchen Erfahrungsschatz kann ich schon zurückblicken?
* Gebe ich anderen Rat, oder werde ich um Rat gefragt?
* Höre ich auf mich selbst, oder suche ich mehr bei anderen nach Rat?
* Aus welcher schweren Erfahrung meines Lebens habe ich etwas Wichtiges gelernt?
* Auf welche Erfahrungen, die ich gemeistert habe, bin ich besonders stolz?
* Welche alte weise Frau kenne ich in meinem Umfeld?

Initiationsritual
Wahrheit und Weisheit entdecken

Die alte Weise verkörpert als Archetyp Wissen, Intellekt, Lebensreife und Wahrheit, die aus gesammelten Erfahrungen entstanden sind. Ein weiser und lebenserfahrener Mensch ist in allen Kulturen Träger der Weisheit. Die alte Weise hat ihre eigenen Lebenslektionen gelernt und daraus einen großen Wissens- und Erfahrungsschatz angesammelt.

Wenn wir mit dieser archetypischen Kraft arbeiten, verstehen wir das Wirken der universellen Gesetze und erkennen, dass die Energie, die wir aussenden, auch wieder zu uns zurückfließt, so, als seien wir alle durch eine unsichtbare Schnur miteinander verbunden. Wir können anderen kein Leid zufügen, ohne uns selbst zu verletzen. Eine getroffene Entscheidung kann nicht einfach rückgängig gemacht werden und eine einmal in Gang gebrachte Energie nicht gestoppt werden. Der Kreislauf von Ursache und Wirkung nimmt seinen Lauf, und die Folgen unseres Handelns sind nicht mehr aufzuhalten.

Besonders in zwischenmenschlichen Beziehungen gilt es, achtsam zu sein und weise zu handeln, denn wahre Verbundenheit kann nur durch Aufrichtigkeit, Integrität, Verständnis und Wohlwollen entstehen. Es ist notwendig, das eigene Handeln immer wieder zu beleuchten und sicherzustellen, dass man durch sein Verhalten niemand anderem schadet. Entscheidungen sollten mit dem Herzen und nicht mit dem Ego getroffen werden. Die alte Weise hilft dabei, Entscheidungen zweimal zu überdenken, die Konsequenzen unserer Handlungen auf unser Leben und das Leben anderer zu reflektieren, bevor wir in Aktion treten. So können wir ihre Kraft nutzen, wenn wir uns in einer Lebenssituation gefangen fühlen. Wir lernen, unsere Entscheidungen und Handlungen zu überdenken und den richtigen Zeitpunkt abzuwarten, bevor wir anderen und uns selbst unnötigen Schaden zufügen. Eine weise Frau kann ihr Denken und Tun reflektieren, und sie wird ihre Fehler und Schuldgefühle niemals auf andere projizieren.

Wenn du bereit bist, möglichst viele Erfahrungen zu sammeln, bist du auf dem besten Weg, Wahrheit, Wissen und Weisheit zu erlangen. Es ist nicht immer leicht und angenehm, und meistens verbergen sich hinter den härtesten Lebenslektionen die größtmöglichen Entwicklungschancen. Mit der weisen Alten an deiner Seite kannst du schwere Zeiten und schmerzhafte Erfahrungen als Gelegenheit zu Wachstum und Reife verstehen und zu würdigen lernen. Die Belohnung, die dich am Ende jeder Erfahrung erwartet, ist: Weisheit und Erkenntnis.

Wenn du deiner eigenen Weisheit nicht traust, wirst du dich unsicher fühlen, wenn es um dich selbst und um deine Entscheidungen geht. Befrage die alte Weise, wenn du wissen willst, wie du in einer bestimmten Situation am besten handeln kannst. Weil sie im Frieden mit sich selbst und anderen lebt, verurteilt und bewertet sie nichts, sondern versteht alles. Sie drängt sich niemals auf, sondern tritt in Erscheinung, wenn du in Not bist. Rufe sie, und sie ist da. Wie eine Lehrerin oder eine Therapeutin wird sie dir Hilfe gewähren, um den Weg zu deiner inneren Wahrheit zu finden.

Schließe nun deine Augen. Spüre, wie du mit jedem Atemzug deine Gedanken loslässt und dein Körper sich immer mehr entspannt. Begrüße die alte Weise in dir. Schau, wie sie aussieht. Ist sie eine alte Frau mit grauen Haaren und faltiger Haut? Oder schaut sie wie eine geheimnisvolle Magierin aus? Ist sie großmütterlich, oder hat sie eine hexenhafte Gestalt? Ist es um euch herum gerade dunkel oder hell? Licht oder Dunkelheit zeigt an, in welcher Stimmung und in welcher Lebensphase du dich gerade befindest. Mache dir bewusst, dass nur du selbst es in der Hand hast, ob du dich für das Licht, sprich, die »Schöpfung«, oder die Dunkelheit, sprich, die »Zerstörung«, entscheidest. Du kannst jederzeit etwas Neues erschaffen, sei dir aber bewusst, dass das im Gegenzug auch bedeuten kann, etwas Wertvolles, das Beständigkeit hatte, dadurch zu verlieren. Erlaube der alten Weisen, sich durch deine innere Stimme zum Ausdruck zu bringen. Höre genau zu! Die alte Weise spricht nicht viel, weil sie mit wenigen Worten genau ins Schwarze trifft. Atme die liebevolle Energie der alten Weisen ein. Atme aus der Quelle allen Seins bedingungslose Liebe ein, und lege deine Seele vertrauensvoll in ihre Hände. Wisse, dass sie dich hält und trägt und dass sie erschienen ist, um dir mit ihrer Weisheit zur Seite zu stehen. Vielleicht könnt ihr zusammen in eine Wahrsagekugel schauen. Betrachtet darin gemeinsam deine innere und äußere Welt. Schau, was sich in der Kugel zeigt, wenn du der alten Weisen folgende Fragen stellst:

✶ Bin ich auf dem richtigen Weg, um meine Lebensziele zu erreichen?
✶ Was gilt es, dafür aufzugeben?
✶ Was muss ich noch lernen?
✶ Was fordere ich von anderen?
✶ Was bin ich bereit, zu geben?
✶ Wann manipuliere ich andere für meine Zwecke?
✶ Womit lasse ich mich von anderen manipulieren?
✶ Was gibt mir Kraft?
✶ Was raubt mir Energie?
✶ Worauf muss ich noch mehr achten?
✶ Wieso halte ich mich in Situationen oder bei Menschen auf, die mir nicht guttun?
✶ Was muss ich endgültig loslassen, damit ich im Leben vorankomme?

Wenn du Antworten bekommen hast, dann lasse die Bilder, Gedanken und Gefühle dein ganzes Sein erfüllen. Tanke diese Energie vollständig auf, und spüre die Weisheit deiner Seele, die durch die alte Weise zu dir gesprochen hat. Bedanke dich bei der weisen Alten für ihre Unterstützung. Wisse, dass du jederzeit Kontakt zu ihr aufnehmen kannst, um dich von ihrem Wissen und ihrer Weisheit nähren zu lassen, und erlaube dir, dass ihre Energie dich auf tiefster Ebene heilt.

Besuche eine alte Dame

Viele junge Menschen schätzen das Zusammensein mit Älteren und empfinden es als Bereicherung. Denn diese können dank ihrer Lebenszeit und ihres Erfahrungsschatzes größere Zusammenhänge erkennen, Situationen anhand gewisser Lebensphasen besser einschätzen und auch Halt und Orientierung bieten. Um mit der Kraft der alten Weisen und ihrer Weisheit in Berührung zu kommen, besuche eine ältere Frau, die du kennst. Suche das Gespräch mit ihr, und lasse dir von früher erzählen. Du könntest sie fragen, welche schwierigen Lebenssituationen sie schon erlebt und gemeistert hat. **Wie ist sie mit Krisen umgegangen? Was waren ihre wichtigsten Ressourcen? Was hat sie daraus für ihr Leben gelernt? Worin sieht sie den Sinn des Lebens?** Wenn du der alten Weisen lauschst, kannst du viel von ihrer erworbenen Lebensweisheit lernen und für dich mitnehmen. Wenn du in einem kräftezehrenden und schmerzhaften Lernprozess steckst, dann erinnere dich an ihre Worte und an die Möglichkeiten, Probleme zu überwinden und Lebenssituationen zu meistern.

Ich bin tief verbunden mit der Weisheit in mir und erlaube, mein Wissen mit der Welt zu teilen!

Die Wandlerin

11. Mondmonat: November
Astrologisches Tierkreiszeichen: Skorpion
Archetyp: die Wandlerin/die Zauberin/die Magierin/die Erneuerin
Themen: Transformation, Tod, Leben, Sterben, Erneuerung

ASPEKTE:
Vergangenheit loslassen, Abschied nehmen, Übergang,
Umbruch, Verwandlung, Transformation, neue Lebensphase,
Wechsel, Befreiung

RITUAL:
Abschiedsritual: Einen Verstorbenen ehren

ÜBUNG:
Lasse los, was dich festhält

Dieser Archetyp ist wie eine lebendige und nährende Quelle, denn ihre kraftvolle und transformative Energie ist in allen anderen Urbildern enthalten.

Unser Leben ist geprägt von ständigen Veränderungen und das ist, was die Wandlerin uns lehrt: »Nichts bleibt, wie es war, alles wandelt sich ständig«. Sie ist das Kommen und das Gehen, und sie begleitet das Sterben und das Neuwerden. Durch sie wird der wesentliche Sinn des Lebens klar: Wir kommen und gehen, um wieder neu zu werden.

Wir können uns die Kraft der Wandlerin immer dann zunutze machen, wenn wir vor einem neuen Lebensabschnitt stehen, wenn wir etwas loslassen oder uns von etwas verabschieden müssen, und besonders dann, wenn wir das Gefühl haben, tief erschüttert zu sein und meinen, unsere Identität zu verlieren. Die Wandlerin trägt und unterstützt, wenn wir über unsere Grenzen hinauswachsen und uns unseren größten Ängsten stellen müssen. Sie handelt instinktiv und intuitiv, und so kommt es nicht selten vor, dass sie eine Vorahnung hat, indem sie z. B. auch den Tod einer geliebten Person im Vorfeld spürt. Wir kommen mit ihrer ganzen Kraft in Berührung, wenn wir einen geliebten Menschen oder ein geliebtes Tier verlieren, wenn wir einen Unfall erleben, mit einer lebensbedrohlichen Krankheit konfrontiert sind oder wenn wir andere Erfahrungen machen, die uns aus dem Alltag reißen. Sie ist immer dann da, wenn wir kleine oder große Tode sterben.

Wir können die Energie der Wandlerin zu uns einladen, wenn wir etwas Altes abschließen und etwas Neues beginnen. Immer dann, wenn wir keine Wahl haben und wir angehalten sind, einen mutigen Sprung ins Ungewisse zu wagen, ist es sinnvoll, sich mit ihrer Kraft zu verbinden. Aus der Leere kann alles vollkommen neu entstehen, es gibt keine Grenze.

Die Wandlerin gibt uns die Möglichkeit, innezuhalten und in ihrer Stille Zuflucht und Halt zu finden. Wenn wir uns ihrer Energie hingeben, nimmt sie uns das Alte wie eine Schale ab, verbrennt es, säubert und läutert uns und macht uns bereit für eine Neugeburt. Die Wandlerin ist Teil des natürlichen Kreislaufs, in dem sich alles wandelt, transformiert und wieder neu erschaffen wird. Sie weiß und zeigt uns, dass nur der Tod des Alten Raum schafft für die Geburt des Neuen. Somit bilden Leben, Sterben und Neuwerden eine untrennbare Einheit. Es ist ein immerwährender Zyklus, der den Kreislauf vorantreibt und jede einzelne Wandlungsphase aufrechterhält.

Die Wandlerin steht auch für die Phase der Menopause, die Zeit des Umbruchs, in der wir uns als Frauen verwandeln. Frauen, die sich im Übergang zur Menopause befinden, sind auf besondere Weise und langfristig mit der Energie der Wandlerin verbunden. Sie steht uns in dunklen Zeiten zur Seite, um uns Orientierung zu bieten und dabei zu helfen, den tieferen Sinn einer schmerzhaften Erfahrung zu ergründen.

Sie lehrt uns, neben dem Licht auch die Schatten wahrzunehmen und anzuerkennen. Mit ihrer Kraft können wir jede noch so schmerzliche Situation aus einem anderen Blickwinkel betrachten. Weil sie gleichermaßen in die Zukunft wie auch in die Vergangenheit zu schauen vermag, kann sie uns bei unserer Vergebungsarbeit beistehen, denn sie unterstützt das Loslassen alter Themen. Auch karmische Verstrickungen und Themen unserer Ahnenlinie können wir mit ihrer energetischen Hilfe auflösen.

Wenn du der Wandlerin in dir begegnest, dann ruft sie dich dazu auf, dich in deine eigene Spiritualität fallen zu lassen, dem Prozess des Wandels zu vertrauen, deiner inneren Stimme zu folgen und deinem Weg treu zu bleiben.

Die Wandlerin hilft dir, Vertrauen zu fassen und das Alte vollständig loszulassen, um das Neue begrüßen zu können. Mit ihr an deiner Seite kannst du nur vorwärts, aber niemals zurückgehen, denn sobald du Einsichten und Erkenntnisse erlangt hast, hast du dich weiterentwickelt und wirst niemals mehr in den vorherigen Bewusstseinszustand zurückkehren. Die Wandlerin schenkt dir eine neue Sicht und somit neue Denkweisen und Gefühlswelten.

Egal, wie stark die Stürme des Lebens um dich toben, die Wandlerin fordert dich dazu auf, weiterzugehen. Mit ihr an der Seite kannst du dich mit allen dunklen, unbekannten und Angst einflößenden Aspekten, die eine innere Wandlung begleiten, auseinandersetzen. Sie unterstützt dich dabei, in die Tiefe deiner Seele abzutauchen und verborgene Schattenanteile anzuschauen. Sie konfrontiert dich mit alten Wunden, gibt dir aber auch die Werkzeuge an die Hand, um deine Selbstheilungskräfte aktivieren zu können.

Auferstehung, Entwicklung, Erneuerung, Befreiung und Leichtigkeit sind die Aspekte, die dich nach dem vollendeten Veränderungsprozess erwarten. Wir alle sind in den ewigen Kreislauf des Lebens eingebunden, und wir durchlaufen verschiedene Zyklen, um immer wieder Loslassen, Transformation, Reinigung und Erneuerung zu erfahren. All das sind Stationen, die wir in Wandlungszeiten durchlaufen.

So, wie eine Raupe zum Schmetterling wird, können auch wir in Lebensphasen immer wieder eine persönliche Metamorphose erfahren. Besonders bei uns Frauen spiegelt sich jene zyklische Kraft in unserem Menstruationszyklus wider. Wir können Altes sowie uns nicht mehr Dienliches loslassen, uns leeren, reinigen, um wieder frei zu werden und Neues aufzunehmen.

Wenn die Wandlerin in dein Leben tritt, dann fordert sie dich dazu auf, dich von all diesen Dingen zu lösen. Schaue in alle Ecken deines Lebens, und entferne die Spinnweben, die sich über dunkle Geschichten deiner Vergangenheit gelegt haben.

Sei offen dafür, dich täglich aufs Neue zu (ver-)wandeln. Sei bereit, jeden Tag zu sterben. Das ist nicht wortwörtlich zu verstehen, sondern es ist vielmehr damit gemeint, die kleinen Tode und Abschiede, die wir brauchen, um für Neues Platz zu schaffen, zu durchleben. Dazu gehört, sich von alten Gewohnheiten zu verabschieden, die einem nicht mehr guttun. Vielleicht geht es auch darum, Kontakte zu lösen, weil sie dir eher schaden. Oder einen Job aufzugeben, damit du dich woanders weiterentwickeln kannst. Sei mutig, und vertraue deinem Wandel – innen wie außen.

Beschäftige dich heute mit den folgenden Fragen:

* Was für einen Wandel erlebe ich gerade in meinem Leben?
* Wo sind die unversorgten Wunden, die auf Heilung warten?
* Kann ich gut mit Veränderungen umgehen?
* Begrüße ich Veränderungen, oder lehne ich sie ab?
* Warum lehne ich Veränderungen ab?
* Fällt es mir leicht oder schwer, loszulassen?
* Wie stehe ich zum Tod?
* Welche Gefühle bringe ich mit dem Tod in Verbindung?
* Welche Gewohnheiten bin ich bereit, sterben zu lassen?
* Was oder wen muss ich loslassen?
* Was wird dadurch neu in mir geboren?
* Welche Erfahrungen kann ich aus einem Wandel mitnehmen?
* Welche Frauen kenne ich, die Wandlerinnenenergie besitzen?

Abschiedsritual
Einen Verstorbenen ehren

Es ist ganz natürlich, dass wir an Todestagen unserer Lieben gedenken und die Trauer um diesen Menschen erneut in uns aufsteigt. Wenn ein Abschied plötzlich geschieht, bleibt oftmals vieles unausgesprochen, und wir hätten so gern noch etwas Bestimmtes gesagt oder getan, aber die Zeit war schneller. Daher möchte die Wandlerin dir mit dem Abschiedsritual eine besondere Erfahrung schenken.

Wenn du schon einmal jemanden verloren hast, der dir nahe stand, dann erinnere dich jetzt an ihn. Stelle eine Kerze für den Verstorbenen oder die Verstorbene auf, und lege auch ein Foto daneben oder etwas anderes, was dich an diesen Menschen (natürlich kann es auch ein geliebtes Haustier sein) erinnert. Nimm dann einen Briefbogen, und schreibe alles auf, was du dieser Person noch gern gesagt hättest, aber was du zu Lebzeiten nicht mehr aussprechen konntest. Erinnere dich an bedeutsame Ereignisse, die ihr zusammen erlebt habt, gemeinsame Erfahrungen, für die du heute dankbar sein kannst. All dies verbindet euch für immer und hat deshalb einen Platz in deinem Herzen. Schreibe einfach alles auf, was dir in den Sinn kommt, und halte nichts zurück. Es dürfen traurige wie auch lustige Dinge dabei sein. Bringe in dem Brief auch deine Dankbarkeit zum Ausdruck, und schreibe nieder, was dich am meisten berührt und geprägt hat.

Wenn du den Brief fertig hast, dann binde ihn an einen Luftballon, und befülle diesen mit Gas. Suche dir einen Ort, an dem du deinen Luftballon mit dem Brief in die Luft steigen lassen kannst. Bevor du den Luftballon loslässt, halte kurz inne, und atme tief ein und aus. Wenn du spürst, dass du bereit bist, loszulassen, dann öffne sanft deine Hände, und lasse den Ballon aufsteigen. Schaue ihm nach, bis du ihn nicht mehr erblicken kannst. Spüre dabei alle Emotionen, die in dir aufsteigen. Lasse sie fließen, und sei gewiss, dass es hinter dem Horizont weitergeht …

Lasse los, was dich festhält

Heute kannst du mit der Kraft der Wandlerin eine Übung zum Loslassen praktizieren. Dazu kannst du ein Blatt Papier nehmen und alles aufschreiben, was dich festhält und dein Vorwärtskommen im Leben behindert. Notiere alles, von dem du glaubst, dass es dich blockiert, ausbremst, kleinmacht oder gefangen hält. Wenn du alles gesammelt und aufgeschrieben hast, dann nimm ein weiteres Blatt Papier, und wandle alles Negative vom ersten Papierbogen in etwas Positives um, und formuliere daraus deine Wünsche und Visionen für die Zukunft. Das Blatt Papier mit den negativen Aspekten kannst du verbrennen. Lasse es ganz bewusst los, während das Papier in Flammen aufgeht, und übergib alle Blockierungen dem Feuer der Transformation. Beobachte, wie sich alles wandelt bis nur noch Asche übrig ist. Die Asche kannst du dann der Erde übergeben, im Wind verstreuen oder in ein Gewässer bringen, um es loszulassen. Das Blatt mit den positiven Dingen, die du gesammelt hast, kannst du in deinem Rauhnachtbuch aufbewahren oder einkleben und im Laufe des Jahres immer mal wieder einen Blick darauf werfen.

Ich erkenne an, dass ich ein zyklisches Wesen bin,
das sich stetig wandelt.
Als Teil der Natur lasse ich Altes los und bin bereit,
zu sterben, um neu zu werden!

Die Königin

12. Mondmonat: Dezember
Astrologisches Tierkreiszeichen: Schütze
Archetyp: die Königin/die Göttin/die Herrscherin/die Machtvolle
Themen: Selbstwertschätzung, Selbstermächtigung, Würde,
Weisheit, Wunder, Segnung, Geschenk

ASPEKTE:
Anerkennung, Selbstbewusstsein, königliches Sein, Autorität, Würde,
Willensstärke, Einflussnahme, Führungsqualität, Verbundenheit,
Kosmos, Einheitsbewusstsein, göttliches Selbst wahrnehmen,
sich als wichtiger Teil der göttlichen Schöpfung bewusst werden

RITUAL:
Wohlfühlritual: Das Königinnenbad

ÜBUNG:
Erwecke die Königin in dir

Dieser Archetyp ist aufrecht, aufgerichtet und gesteht sich die eigene Würde und Einzigartigkeit zu. Die Königin weiß um ihre Selbstachtung und Macht, ohne sie auszunutzen. Sie herrscht, ohne herrschen zu wollen. Sie braucht nicht viel Kraft und Aufwand, um das zu erreichen, was sie möchte, denn die Königin strahlt Selbstvertrauen, innere Reife, Ruhe und Stärke aus – die auf einer guten Mischung aus Gelassenheit und natürlicher Autorität beruhen. Im Urbild der Königin sind sehr viele positive Qualitäten und Aspekte enthalten, denn die Königin ist auch eine Herrscherin, Führungspersönlichkeit, Entscheidungsträgerin, Gebietende, Gewährende, eine gütige und weitsichtige Frau, die das eigene Wohl wie auch das Wohl der anderen im Blick hat. Die Königin hat viele Möglichkeiten, ihr Leben selbstsicher zu gestalten und es in die Richtung zu lenken, die sie sich wünscht.

Wenn die Königin erwacht, dann wandelt sich unsere gesamte Präsenz – und auf ihrem Thron sitzend hat sie den Weitblick und kann Verantwortungsbewusstsein auch für eine große Gruppe entwickeln. Weil sie Großzügigkeit, Gnade, Güte und Toleranz besitzt und ihr Zugehörigkeit sehr wichtig ist, hat sie stets das Wohl aller im Blick, und ihre Entscheidungen und Handlungen dienen allen Beteiligten. Eine wahre Königin, die durch eigene Erfahrungen gereift ist, ist frei von Konkurrenzgedanken und Machtgefühlen. Sie schafft Ordnung und dient anderen als Mentor, weil sie Souveränität besitzt und auf ihre eigene Kraft und Stärke vertraut. Sie besitzt Weisheit und Spiritualität. Im Hier und Jetzt erntet sie das, was sie einst in der Vergangenheit gesät hat.

Das Wissen um die innere Königin verleiht uns Frauen Kraft und Gelassenheit. Viele Frauen wünschen sich, dass ihr ureigener Wert von nichts und niemandem geschwächt werden kann. Abwertungen, Missachtung und Herabsetzungen können die Königin in uns nicht verletzen, denn ihr höchstes Gut sind die Selbstachtung und die Würde – und diese sind unantastbar. Sie nimmt Angriffe wahr, lässt sie aber nicht eindringen. Sie sagt Nein zu dem, was sie schwächt, und Ja zu dem, was sie stärkt. Wenn du die Haltung einer Königin verinnerlicht hast, dann bleibst du aufgerichtet und übernimmst verantwortungsvoll die Führung in deinem inneren Reich und deinem Leben. Sei dir bewusst, dass du ein einmaliges Wesen bist, ein wichtiger Teil vom Universum, und erlaube dir, dein göttliches Licht in die Welt zu tragen. Die Königin besitzt ein unverwechselbares Charisma. Sie kann ihre einzigartige Schönheit voller Stolz präsentieren, denn ihre Präsenz ist geprägt von Anmut und Würde. Prachtvoll und selbstsicher ist ihr Auftreten.

In meinen Archetypenseminaren lässt besonders die innere Königin die Augen der Teilnehmerinnen aufleuchten. Erinnere dich an das Bild einer Königin, die zu ihrem Thron schreitet; würdevoll zieht sie die Schleppe ihres Kleides hinter sich her. Ihr Körper ist aufgerichtet, ihr Kopf erhoben und in ihren Augen spiegelt sich ihre innere Weisheit wider, die mit der kosmischen Einheit verbunden ist. Ihre Kleidung, ihre Krone und ihr Schmuck unterstreichen ihre Schönheit und verleihen ihr eine königliche Herrlichkeit. Die Königin liebt es, bewundert zu werden, und wenn sie durch die Menge schreitet, zieht sie alle Blicke auf sich. Sehen und gesehen werden ist ihre Devise, und so ermutigt sie auch dich, groß und sichtbar zu werden.

Wenn du der Königin in dir begegnest, dann mache dir bewusst, dass auch du ein faszinierendes und mit einer unverwechselbaren Schönheit gesegnetes Wesen bist. Lasse dich von der Energie der inneren Königin tief im Herzen berühren, und erkenne, dass die eigene Schönheit, innen wie außen, ein großartiges Geschenk ist, das du jetzt in Dankbarkeit annehmen darfst. Versuche immer öfter, auch im Alltag, eine Königin zu sein. Das gibt dir die Kraft, das eigene Leben zu regieren und dich von anderen unabhängig zu machen. Wenn du dich dazu entschließt, eine Königin zu sein, bist du auf dem besten Weg, dich von ungesunden Mustern, Strukturen und Bindungen frei zu machen und kannst selbst die bestmögliche Regierung in deinem Leben sein.

Die innere Königin fordert dich jetzt dazu auf, dein wahres Ich zu zeigen und dein königliches Sein sowie dein göttliches Licht, getragen von Würde und Weisheit, in die Welt strahlen zu lassen – ganz ohne Scham- oder Schuldgefühle. Sie erweckt in dir die Fähigkeit, das Kleid deiner Seele zu entfalten und deine Schönheit und Würde erblühen zu lassen.

Jedes Wesen ist faszinierend und einzigartig in seiner Art. Erlaube auch dir, deine individuelle innere Schönheit auszustrahlen, mache dich unübersehbar, und sei dabei herausfordernd, wenn es um deinen Standpunkt und um deine Einzigartigkeit geht.

Beschäftige dich heute mit den folgenden Fragen:

* Lebe ich selbstbestimmt, oder lasse ich mich von anderen bestimmen?
* Was für einen Platz nehme ich in der Welt ein?
* Worin bin ich besonders?
* In welchen Situationen kann ich souverän reagieren?
* Wann und wodurch wird meine Würde verletzt?
* Erlaube ich mir auch einmal, im Mittelpunkt des Geschehens zu stehen?
* Bin ich eine Führungsperson, besitze ich Führungsqualitäten?
* Fühle ich mich von anderen geachtet?
* Auf was in meinem Leben kann ich besonders stolz sein?
* Welche Frauen kenne ich, die Königinnenenergie ausstrahlen?

Wohlfühlritual
Das Königinnenbad

Bei dem Wohlfühlritual geht es darum, Körper, Seele und Geist zu verwöhnen. Dazu gehören beispielweise Entspannungspausen, kleine Auszeiten, wohltuende Bäder, Massagen und was dir sonst noch gefällt. Widme dich einem Ritual, bei dem du dich und deinen Körper mit viel Liebe und Zärtlichkeit pflegst. Egal, ob es das Zähneputzen, das Haarekämmen, das Duschen oder das Einreiben deines Körpers mit einer Lotion oder Creme ist – mache eine ganz bewusste und achtsame Handlung daraus. Das sanfte Streicheln entspannt den Körper und regt die Sinne an. Es geht darum, den Körper einmal ganz bewusst wahrzunehmen.

Für das Königinnenbad brauchst du:
* 1 Liter Milch (tierische oder pflanzliche, nach eigenem Belieben)
* 1 Tasse Honig
* 10 Tropfen Rosenöl
* Rosenblütenblätter
* Musik deiner Wahl (empfehlenswert ist z. B. der Soundtrack zum Film »Wonder Woman«)
* Räucherstäbchen
* Kerzen

Erwärme die Milch, füge den Honig und das Rosenöl hinzu, und gib die Mischung ins Vollbad. Verstreue anschließend die Rosenblütenblätter auf dem Wasser, und stelle Kerzen im Bad oder um die Badewanne herum auf. Tauche dann in das Königinnenbad ein, und genieße es. Lausche der Musik. Wie fühlt sich dein Körper an, während du dich im warmen Rosenwasser entspannst? Versuche, das Bad mit allen Sinnen wahrzunehmen. Kannst du das Wasser auf der Haut fühlen? Kannst du den Duft der Rosen riechen? Wie nimmst du die Klänge der Musik in dir auf?

Wenn du das Bad beendet hast, wähle ein weiteres Wohlfühlritual, das dir jeden Tag aufs Neue angenehme und entspannte Momente der Ruhe schenkt, und praktiziere es täglich. Du könntest z. B. deinen Körper achtsam eincremen oder dein Haar auf besondere Weise kämmen.

Ein Ritual zu pflegen heißt, etwas regelmäßig und mit Achtsamkeit zu tun. Es bedarf also durchaus auch Selbstdisziplin, denn nur dann zeigt es Wirkung. Wenn du möchtest, kannst du dein Ritual auch ausweiten und weitere Anwendungen finden, mit denen du dich täglich sanft und liebevoll pflegen und versorgen kannst. Sei gut zu dir und deiner inneren Königin!

ÜBUNG

Erwecke die Königin in dir

In dieser Übung geht es ums Sichtbarwerden und darum, dein Licht so zu zeigen, wie du bist. Oftmals erlauben wir uns nicht, unsere Schönheit und wahre Größe zu präsentieren, da wir nicht eitel, arrogant oder überheblich wirken wollen. Doch wenn wir unsere Schönheit und unser inneres Licht in die Welt tragen, können wir andere damit inspirieren und anstecken, es ebenfalls zu tun.

Erteile dir die Erlaubnis, dein eigenes wundervolles und einzigartiges Sein der Welt zu zeigen. Hast du schon einmal Flamencotänzerinnen beobachtet, wie viel Kraft, Stolz und Würde sie in ihrem Tanz verkörpern? Ihre Präsenz ist klar, ihre Haltung aufgerichtet und in allen ihren Bewegungen und Blicken wird der eigene Selbstwert deutlich. Gestatte auch dir, diese Würde auszustrahlen. Mache dich unübersehbar, und sei dabei herausfordernd, wenn es um deinen Standpunkt und deine Einzigartigkeit geht. Es ist angemessen, dir jetzt deiner inneren und äußeren Schönheit bewusst zu werden und dein eigenes Wesen anzuerkennen und zu lieben.

Traue dich ruhig, auch einmal deinen Typ zu verändern. Wenn du normalerweise einen lässigen Look bevorzugst, vielleicht am liebsten mit Jeans und Turnschuhen umherläufst, dann kleide dich doch einmal elegant und chic wie eine Königin. Kleide dich wirklich einmal ganz außergewöhnlich. Kaufe dir ein extravagantes Kleid, einen prunkvollen Ring oder eine auffällige Kette. Bei Frauen verändert sich gleich die ganze Haltung, sobald sie ein schönes Kleid und Schuhe mit Absatz tragen. Schmücke dich mit einem Schal, einem Tuch oder auch mit einem Hut in den Farben und Mustern, die deine Lebensfreude ausdrücken. Ein Kleidungsstück, in das du dich verliebt hast, lebt von der Freude, mit der es getragen wird, und unterstützt deine Selbstsicherheit, weil du dich darin gut fühlst – ganz egal, was die anderen sagen. Es geht um dich und deinen Glanz! Gehe in Kontakt mit deiner inneren Königin. Spüre in deinen Körper hinein, wenn du dich auf ihre Energie einlässt. Wie verändert sich deine Haltung? Vielleicht streckst du dich, richtest deine Wirbelsäule auf, so, als würde eine unsichtbare Halskrause sanft deinen Hals stützen und dein Kinn leicht anheben. Lächle dabei, wenn du magst. Verinnerliche dieses kraftvolle Gefühl in deinem Körpergedächtnis. Wisse, dass du diese starke, selbstbewusste Haltung und das zugehörige Gefühl jederzeit im Alltag wieder abrufen kannst. Schaue dabei in den Spiegel, und fühle deine Würde, wenn du sagst: »Ich bin eine Königin!« oder »Ich bin die Königin in meinem Leben!«

Mache diese Übung am besten täglich, und übertrage dieses positive Gefühl auch auf reale Alltagssituationen. Achte auf deine Haltung. Richte dich auf, und setze dir in deiner Vorstellung eine wundervolle Krone auf. Stelle dir vor, wie sie dein Haupt ziert und welche Würde du dabei ausstrahlst. Wenn du dieses erhabene Gefühl noch mit einem ehrlichen und warmherzigen Lächeln krönen kannst, wirst du eine tolle, selbstbewusste Ausstrahlung haben. Fühle und wisse, dass du eine Königin bist, die selbstbewusst ihren Weg geht und sich der Welt präsentiert. Es kann viel Spaß machen, der eigenen Haltung Beachtung zu schenken. Sei selbstbewusst und stolz darauf, wie du gerade bist! Veränderungen zu wagen, zu fühlen, wie es dir danach geht, ist spannend.

Vielleicht hast du im Anschluss Lust, öfter die innere Königin zu aktivieren – nur Mut! Es darf Spaß machen! Habe keine Hemmungen, dich in deiner wahren Größe und Präsenz zu zeigen, und schwelge darin, im Mittelpunkt zu stehen. Lasse deine Anmut und deine Schönheit von innen nach außen strahlen, und genieße im Zusammensein mit anderen auch die Schönheit anderer Frauen. Fühle, wie es ist, eine Königin unter anderen Königinnen zu sein.

Ich fühle meine würdevolle Weiblichkeit und einzigartige Präsenz.
Ich bin die Göttin und Königin,
ich ermächtige mich selbst
und übernehme die Führung in meinem Leben!

Abschluss und Ausklang der Rauhnächte am Tag der Heiligen Drei Könige

Die zwölfte Rauhnacht endet um Mitternacht des 5. Januar. Es folgt der 6. Januar, der Tag der Heiligen Drei Könige. Die Schwellenzeit ist vorüber, und die Tore zur Anderswelt schließen sich wieder. Das Ende dieser Transformationsreise ist der Aufbruch in ein neues Jahr, in dem wachsen und erblühen wird, was du zwischen den Jahren gesät hast. Freue dich auf ein neues Jahr, und denke daran, dass jede Herausforderung, der du begegnest, die Möglichkeit in sich trägt, dir Wachstum und Reife zu bescheren.

Ich freue mich und bin sehr dankbar, dass ich dich durch die magische und geheimnisvolle Zeit der Rauhnächte begleiten durfte und dass ich dir ein paar Ideen und Anregungen für deine spirituelle Entwicklung geben konnte. Ich hoffe, dass du zwölf sehr intensive Tage voller Weiblichkeit erlebt hast, du allen weiblichen Archetypen begegnen konntest und wundervolle Erfahrungen mit ihnen gemacht hast. Wenn dir das eine oder andere Urbild besonders gefallen hat oder du gespürt hast, dass dir der Kontakt zu einem bestimmten Archetyp schwerer fällt, weil du ihn noch nicht richtig entdeckt hast, lade ich dich dazu ein, auch im Laufe des Jahres die Rituale oder Übungen zu nutzen. Im

Jahresverlauf gibt es immer wieder Möglichkeiten und besondere Tage, Feiertage, Geburtstage oder Ähnliches, an denen das ein oder andere Ritual zelebriert werden kann. Ansonsten kannst du dich im kommenden Dezember auf eine neue Reise durch die Rauhnächte begeben. Ich kann dir aus Erfahrung sagen, dass sie tatsächlich jedes Mal wieder anders sind und sich anders anfühlen werden. Einfach weil du dich in der Zwischenzeit weiterentwickelt hast.

Diese Tage bewusst zu durchleben und sich auf die Reise zu machen, wird immer wieder neue Aspekte beleuchten und ungeahnte Segnungen und Geschenke für dich bereithalten. Wenn du möchtest, kannst du mit diesem Buch jedes Jahr aufs Neue arbeiten und deine persönliche Transformationsreise starten.

Mögest du das Beste erwarten und das Beste erhalten!

Drei-Königinnen-Kuchen

Heute kannst du abschließend zu den Rauhnächten, am Tag der Heiligen Drei Könige, deinen Dank ausdrücken und etwas backen. Vielleicht hast du schon einmal vom »Dreikönigskuchen« gehört oder hast ihn sogar schon gekostet.

Es gibt den Brauch, am Tag der Heiligen Drei Könige einen »Königskuchen« zu backen. Auch heute noch wird in Frankreich (»Galette des Rois«), in England (»King Cake«), in Spanien (»Roscón de Reyes«), in Portugal (»Bolo Rei«), in der Schweiz, in Mexiko und in New Orleans diese Tradition gepflegt. Die Rezepturen sind regional unterschiedlich, gemeinsam ist ihnen aber, dass eine getrocknete Bohne, eine Mandel, eine Münze oder ein anderer kleiner Gegenstand eingebacken wird. Wer beim Essen auf diesen Glücksbringer stößt, ist für einen Tag König. Wie wäre es, wenn du für dich und deine Freundinnen einen »Königinnenkuchen« backen würdest? Du kannst dir auch ein Symbol überlegen, das du mit einbacken willst.

Du benötigst dafür folgende Zutaten:

* 500 g Mehl
* 20 g Hefe
* ½ TL abgeriebene Zitronenschale
* 4 EL Zucker
* ½ TL Salz
* 100 g weiche Butter
* ¼ l Milch
* 1 Ei
* 1 Eigelb
* 80 g flüssige Butter zum Bestreichen

* 80 g Zitronat und Sultaninen (je nach Geschmack)
* 50 g gehackte Mandeln
* 1 Bohne oder Mandel oder eine kleine Figur
* 1 Krone (z. B. selbstgemacht aus Pappe angefertigt), die nach dem Abbacken und Auskühlen auf den Kuchen draufgesetzt wird

Zubereitung:

Stelle einen Hefeteig aus Mehl, Hefe, Zitronenschale, Zucker, Salz, Butter, Milch und Ei her, und lasse ihn an einem warmen Ort eine halbe Stunde ruhen, bis er sein Volumen deutlich vergrößert hat. In der kühlen Jahreszeit kann man den Teig auf die Heizung stellen oder mit einem feuchten Tuch abgedeckt im Backofen bei 30° C gehen lassen. Menge anschließend Zitronat, Sultaninen und die Mandeln unter, lasse den Teig wieder ein wenig ruhen. Aus dem Teig kannst du dann sieben oder neun Kugeln formen und in eine gefettete Springform geben. Setze eine der Kugeln in die Mitte und die restlichen darum herum. Stecke dann die Bohne, die Mandel oder die Figur in eine Kugel. Stelle ihn anschließend für ca. eine halbe Stunde in den Kühlschrank. Bestreiche den Kuchen, bevor du ihn in den Backofen gibst, mit dem Eigelb. Backe den Kuchen dann etwa 45 Minuten lang auf mittlerer Hitze.

Nimm den Königinnenkuchen, wenn er fertig ist, vorsichtig aus der Form, und bestreiche ihn mit etwas ausgelassener Butter. Nach Belieben kannst du zusätzlich ein paar Mandelblättchen oder Puderzucker darüber streuen.

Besonders schön ist es, wenn du deine Freundinnen/Weggefährtinnen, andere Priesterinnen, Heilerinnen oder wilde und weise Frauen zu dir einlädst und den Königinnenkuchen mit ihnen gemeinsam genießt und verzehrst. Die Frau, die in ihrem Kuchenstück die Figur, Bohne oder Mandel findet, wird mit der Krone gekrönt und ist die Königin für diesen Tag. Selbstverständlich kannst du den Kuchen auch an eine Person verschenken, die du wertschätzt. Oder du backst gleich zwei, einen zum Essen mit den Freundinnen und einen zum Verschenken.

Mein Herz ist das Tor zur Göttlichkeit,
und dessen Essenz ist die Liebe.
Ich gebe aus vollem Herzen und
erfreue mich am Akt des Gebens

Schlusswort

Mögen alle Frauen selbstbewusst und selbstbestimmt
ihren eigenen Weg gehen und ihre Spiritualität miteinander verbinden.
Mögen alle Frauen sich von Konkurrenzgefühlen befreien und
in der Schwesternschaft Unterstützung und Verbundenheit erfahren.
Mögen Frauen aufhören, die Erwartungen der Gesellschaft zu erfüllen,
sondern sich um ihre eigenen Bedürfnisse kümmern und
sich so entwickeln, wie ihr Seelenplan es vorgesehen hat.
Mögen alle Frauen die Wunden ihrer Vergangenheit heilen,
sodass sie in ihre ureigene Kraft zurückkehren und
ihre weibliche Macht wieder annehmen können.
Möge jede Frau mutig sein, etwas zu verändern und
Spuren zu hinterlassen, sodass die nachfolgenden Generationen davon
profitieren sowie ihre Werke weitertragen und weiterentwickeln können.
Zum Wohle aller Wesen dieser Erde!

Über die Autorin

Sandra Waldermann-Scherhak ist Heilpraktikerin Psychotherapie, systemische Familientherapeutin, wingwave®-Coach und Achtsamkeitspraxislehrerin und geht den bewussten Weg der spirituellen Entwicklung. Durch eine Vielzahl von Ausbildungen und Seminaren erweiterte sie stetig ihr Wissen. Seit 2008 bietet sie in ihrer eigenen Praxis Hilfe suchenden Menschen psychospirituelle Lebenshilfe an. Während ihrer Tätigkeit als Therapeutin konnte sie immer wieder die Erfahrung machen, dass Menschen im Laufe ihres Lebens zu stark im Denken verhaftet sind und dabei den Kontakt zu ihren Gefühlen verloren haben. Die Essenz ihrer Arbeit liegt vor allem darin, Menschen zu ihrem eigenen Herzen zu führen und dort vorhandene emotionale Blockaden sanft zu transformieren. Neben Einzelsitzungen und Coachings gibt sie auch Seminare und Workshops zur Persönlichkeitsentwicklung und arbeitet erfolgreich u. a. mit der Quantenheilung, mit Ho'oponopono, mit Archetypen und mit eigenen Ansätzen zur spirituellen und zur achtsamkeitsbasierten Herzensbildung. **www.waldermann.com**

Für alle, die noch tiefer in das Thema »Rauhnächte« eintauchen möchten und weitere Anregungen sowie geführte Meditationen wünschen, hat die Autorin einen speziellen Rauhnächte-für-Frauen-Online-Kurs entwickelt, den sie auf der Webseite www.rauhnächte-online.de anbietet. Durch Erwerb dieses Buches erhältst du als Dankeschön bei Eingabe des Aktionscodes »Rauhnacht19« den Rauhnächte-Online-Kurs 15% günstiger.

Bildnachweis

Den Zauber
der Rauhnächte
erleben!

Jeanne Ruland
Mein Rauhnacht-Begleiter
Ein lichtvoller Begleiter durch die 12 heiligen Nächte
200 Seiten
ISBN 978-3-8434-1247-6

Jeanne Ruland
Mein Rauhnacht-Tagebuch
128 Seiten
ISBN 978-3-8434-1348-0

Jeanne Ruland
Mein Rauhnacht-Orakel
Visionskarten für die 12 Heiligen Nächte
50 Karten mit Anleitung
ISBN 978-3-8434-9104-4

Schirner Verlag

Mit Achtsamkeit
und Herzheilung
zu mehr Lebensfreude!

Sandra Waldermann-Scherhak
Das Tao der Achtsamkeit
Mit Herzensbildung und Positiver Psychologie
zur Lebensfreude
144 Seiten
ISBN 978-3-8434-1215-5

Sandra Waldermann-Scherhak
Das Tao der Achtsamkeit
Impulse zum spirituellen Wachstum
Kartenset: 54 Karten mit Anleitung
ISBN 978-3-8434-9072-6

Sandra Waldermann-Scherhak
Das Herzresonanz-Prinzip
Empfange, was in deinem Herzen wohnt
56 Karten mit Anleitung
ISBN 978-3-8434-9060-3

Schirner
Verlag